الفاكهة الانصهار: كتاب طبخ سلطة فواكه نابضة بالحياة

100 اكتشف فن صنع سلطات فواكه طازجة ولذيذة

ساندرا أندرسون

جدول المحتويات

3

4

6

مقدمة

مرحبًا بكم في " Fruit Fusion: A Vibrant Fruit Salad Cookbook ". ستأخذك هذه المجموعة المبهجة من وصفات سلطة الفاكهة في رحلة شهية عبر عالم النكهـات الطازجـة والملونة. تُعـد سلطات الفاكهـة احتفـالًا بخـيرات الطبيعة ، حيث تجمع مزيجًا من الفواكه النضرة لإعداد أطباق منعشـة وصحية وجذابة.

سواء كنت من عشاق الفاكهة المتمرسين أو شخصًا يتطلع إلى دمج المزيد من المنتجات الطازجة في نظامك الغذائي ، يقدم كتاب الطبخ هذا مجموعة من الوصفات التي تناسب كل الأذواق والمناسبات. سلطات الفاكهة ليست فقط لذيذة ولكنها أيضًا متعددة الاستخدامات بشكل لا يصدق. من توليفات الحمضيات الخفيفة والرائعة إلى خلطات التوت اللذيذة والمزيج المداري الغريب ، هناك سلطة فواكه لكل حالة مزاجية وموسم.

في " Fruit Fusion " ، سنستكشف فن الجمع بين الفواكه ، وتجربة الصلصات والإضافات ، وإنشاء عروض تقديمية مذهلة تجعل سلطات الفاكهة الخاصة بك نجمة أي تجمع. استعد لاحتضان الألوان النابضة بالحياة والأنسجة اللذيذة والأذواق الشهية للحلوى الطبيعية في كل ملعقة.

لذا ، دعنا نغوص في هذه المغامرة اللذيذة ونكتشف كيف يمكن للمكونات البسيطة أن تتحد معًا لصنع سلطات فواكه مثيرة ومغذية للحواس !

وصفات سلطة الفواكه

1. سلطة فواكه الكسكس بالدجاج

المكونات 4 حصص

- 200 جرام كسكس
- 1 بصلة حمراء مقطعة ناعما
- 250 جرام صدر دجاج
- 1 زبدة
- 2 عسل
- 0.5 ملعقة صغيرة كمون مخلوط
- 0.5 ملعقة صغيرة هيل
- 150 مل زبادي قليل الدهن
- 100 غ من المكسرات المفرومة خشنة
- جرعة واحدة من قطع الخوخ
- 1 ملح أساسي

تحضير

1. تحضير الكسكس حسب التعليمات المدونة على العلبة. اغسلي صدور الدجاج واتركيها حتى تجف وتبليها بالملح والفلفل وقطعيها إلى شرائح.

2. سخني الزبدة واقلي البصل وشرائح الدجاج فيه. صفي الخوخ وقطعيه إلى مكعبات صغيرة.

3. نخلط اللبن مع البهارات والعسل والمكسرات والكسكس والبصل وشرائح الدجاج. أخيرًا قم بطي قطع الخوخ.

2. سلطة فواكه فاترة

المكونات 4 حصص

- 10 قطع من التين المجفف
- ملاعق كبيرة من الزبيب
- 300 مل من النبيذ الأبيض
- 1 ملعقة صغيرة قرفة
- 1 اندفاعة من عصير الليمون
- 4 جرام سكر
- 4 تفاح

تحضير

1. ضعي التفاح والتين والزبيب مع النبيذ في قدر وغطي كل شيء بالماء.
2. نضيف القرفة والليمون والسكر ونترك كل شيء يطهى معًا لفترة قصيرة. لكن ، بالطبع ، يجب أن يظل التفاح ثابتًا حتى اللدغة.
3. رتب كل شيء في وعاء واستمتع به.

3. سلطة فواكه

المكونات 4 حصص

- 2 قطعة كيوي
- 2 حبة برتقال
- 1 قطعة مانجو
- 1 قطعة زنجبيل (2 سم)
- 2 ملعقة كبيرة عسل
- 5 ملاعق كبيرة عصير تفاح

تحضير

1. يُقشر البرتقال ويُقشر فيليه ويُقشر الكيوي والمانجو ويُقطع إلى قطع صغيرة.
2. يقشر الزنجبيل ويقطع إلى مكعبات صغيرة ويقلى مع العسل في مقلاة لبضع دقائق. يُحلى بعصير التفاح ويُسكب فوق الفاكهة. اتركه ينقع لفترة وجيزة.

4. سلطة فواكه الهليون الأخضر

15

المكونات لحصتين

- 5 قطع من الهليون الأخضر (أعواد رفيعة)
- 4 قطع فراولة
- 1 قطعة برتقال
- 0.25 قطعة أناناس
- 1 قطعة كيوي
- 1 حبة تفاح (صغيرة)
- 0.5 حبة موز
- 1 قطعة ليمون
- 2 ملعقة كبيرة زيت زيتون معتدل
- 1 حبة ليمون (عصير + نكهة تتبيلة)
- 1 حبة برتقال (عصير + قشر للتتبيلة)
- 1 غصن من بلسم الليمون

تحضير

1. اغسـل الهليـون الأخضـر ، واقطعـه من المنتصف بـالطول والعـرض بـالعرض تقريبًـا. 2 سـم. اغسـل الفراولـة وانـزع السـاق وقطّعهـا إلى شـرائح. قشـر الكيوي إلى أرباع وقطّع إلى شرائح.

2. قشر الأناناس إلى أرباع ، انـزع السـاق ، وقطّع الربـع إلى مكعبـات صـغيرة ، واسـتخدم البـاقي لأغـراض أخرى.

3. قشـر وشـرائح البرتقـال واجمـع العصـير المتسرب واسـتخدمه في الصلصـة. اعصـر الليمـون. اغسـل التفاحة ، مقطعة إلى نصفين ، أزل القلب ، مقطعـة إلى شـرائح ، ورشـها على الفـور بنصـف عصـير الليمون المعصور (حتى لا يتحول إلى اللون البني).

4. قشر الموز وقطّعه إلى شرائح ، ورشّ معه مـا تبقى من عصير الليمون أيضًا.

5. اخلطي تتبيلة من الليمون وعصير البرتقـال والقشـر (كل نصف من الثمرتين) وزيت الزيتون.

6. نضع الثمـار المحضـرة مـع الهليـون في وعـاء ونضع الصلصة بعناية. تُزين بأوراق بلسم الليمون.

17

5. سلطة فواكه مع كريمة جوز الهند

المكونات 4 حصص

- 1 قطعة سكر بطيخ
- 2 حبة موز
- 3 قطع كيوي
- 1 قطعة أناناس
- 250 مل كريمة مخفوقة
- 2 ملعقة كبيرة سكر حبيبي
- 100 مل حليب جوز الهند

تحضير

1. يتم تقشير الموز والبطيخ والكيوي والأناناس كما يتم تقشير البطيخ السكر. ثم تقطع الثمرة إلى مكعبـات صغيرة.
2. يتم خلـط الكريمـة المخفوقـة تـدريجيًا مـع الخلاط والسكر وحليب جوز الهند.

19

3. يؤدي ذلك إلى تكوين كريمة ناعمة ، ولكن لا ينبغي خفق الكريمة المخفوقة لفترة طويلة ، لمدة دقيقتين على الأكثر.

4. أخيرًا ، يتم توزيع الفاكهة في أوعية حلوى ومغطاة بكريمة جوز الهند.

6. سلطة فواكه سيمون

المكونات 4 حصص

- 1 قطعة من البطيخ المن
- 1 قطعة كيوي
- 1 حبة موز
- 5 قطع من العنب البري
- 5 قطع توت بري
- 3 قطع فراولة

مكونات ماء مالح

- 1 قطعة ليمون (عصير)
- 1 ملعقة كبيرة سكر
- رشة من مسحوق الزنجبيل

تحضير

1. قشـر ولب البطيخ واقطـع اللب بقطعـة كرويـة للحصـول على كـرات البطيخ اللطيفـة. بعـد ذلـك ، قشر الكيوي وقطّع إلى قطع.

2. اغسـل وصـفي العنب الـبري والتـوت ، واغسـل الفراولـة ، وأزل الخضـر ، وقطّعهـا إلى نصـفين أو قطعها إلى شرائح۔ قشر وقطع الموز.

3. ضعي جميع الفواكه في وعـاء واخلطيها مـع السـكر وعصير الليمون ومسحوق الزنجبيل. يـترك منقوعًا لمدة 30 دقيقة ، يقسم إلى أكواب ويقدم باردًا.

22

7. سلطة فواكه بالعسل

المكونات لحصص 6

- 3 قطع موز
- 250 جرام فراولة
- 100 جرام من العنب الأزرق الخالي من البذور
- 100 جرام من العنب الأبيض الخالي من البذور
- 2 حبة برتقال
- 2 قطعة كيوي
- 1 قطعة أبل
- 1 قطعة كمثرى
- 1 قطعة ليمون
- 5 ملاعق كبيرة عسل

تحضير

1. قشـر المـوز والبرتقـال والكيـوي واغسـل الفراولـة وأزل الخضار وقطع الفاكهة إلى قطع صغيرة.
2. يغسـل العنب ويقطـع نصفين ويضـاف إلى بـاقي الفاكهة. نقطع التفـاح والكمـثرى إلى أسـافين ولبها ونقطعهـا إلى مكعبـات صغيرة وتخلـط مـع الفاكهـة الأخرى.
3. تنقع بعصير الليمون والعسل.

8. أرز الفراولة على سلطة فواكه

المكونات لحصتين

- 500 غرام فواكه طازجة (حسب الرغبة)
- 0.5 كوب كريمة مخفوقة
- 3 ملاعق من فراولة موفنبيك
- 5 قطرات من عصير الليمون

تحضير

1. اغسل الثمار وقشرها وقطّعها إلى مكعبـات وضـعها على طبق ورشّ عليها عصير الليمون.
2. ضعي آيس كريم الفراولة على سلطة الفواكه.
3. يُزيّن بالكريمة المخفوقة وأكواز الآيس كريم.

9. سلطة فواكه مع الأفوكادو واللبن

مكونات

- 1 تفاحة
- 1 أفوكادو
- 1/2 مانجو
- 40 جرام فراولة
- 1/2 ليمون
- 1 ملعقة كبيرة عسل
- 125 جرام زبادي طبيعي
- 2-3 ملاعق كبيرة من شرائح اللوز

تحضير

1. أولاً ، بالنسبة لسلطة الفاكهة مع الأفوكادو واللبن ، اغسل التفاح وأزل القلب والنرد. بعد ذلك ، نواة الأفوكادو والمانجو وقطعيها إلى مكعبات. اغسلي الفراولة وقطعيها إلى نصفين. أخيرًا ، افتحي الليمون واستخلصي العصير من النصف.

2. اخلطي الزبادي الطبيعي والعسل جيدًا. تُسكب المكوّنات المقطّعة في وعاء أكبر وتُمزج في مزيج العسل واللبن. سلطة الفواكة مع الأفوكادو واللبن ونرش اللوز وتقدم.

10. سلطة فواكه مع فراولة و شمام و موزاريلا

مكونات

- 1/2 حبة شمام
- 1/4 بطيخ
- 250 جرام فراولة
- 2 عبوة ميني موتزاريلا
- 1/2 باقة نعناع
- 1/2 باقة ريحان
- 1 برتقالة
- بعض شراب القيقب

تحضير

1. بالنسبة لسلطة الفاكهة مع الفراولة والبطيخ والموزاريلا ، قم أولاً بإزالة القشرة وحبات البطيخ وقطع اللب إلى مكعبات. بعد ذلك ، اغسل الفراولة وأزل الأخضر وقطع الفراولة إلى نصفين بالطول. بعد ذلك ، قطف النعناع والريحان. نفرم النعناع ناعما. صفي كرات الموتزاريلا جيداً.

2. اعصر عصير البرتقال واخلطه مع القليل من شراب القيقب.

3. اخلطي جميع المكونات ما عدا الريحان في وعاء كبير.

4. قطعي سلطة الفاكهة مع الفراولة والبطيخ والموزاريلا وقدميها مزينة بالريحان.

11. سلطة فواكه في كوب مع آيس كريم وبسكويت شورتبريد

مكونات

- 200 جرام توت بري
- 4 آيس كريم فانيليا
- 2 فاكهة الباشن
- 15 بسكويت شورتبريد
- 1 ملعقة صغيرة سكر بودرة
- 10 أوراق نعناع

تحضير

1. قسّم بسكويت الغريبة إلى قطع كبيرة لسلطة الفواكه في الكوب مع الثلج وقسمها بين 4 أكواب. اخلطي التوت مع لب فاكهة العاطفة والسكر البودرة.

2. ضعي ملعقة من آيس كريم الفانيليا فوق كعكة الغريبة وزيني سلطة الفاكهة في الكوب بالتوت وقليل من النعناع.

12. سلطة فواكه مع شمام ، توت وجبنة غنم

مكونات

- 1/4 بطيخ
- 1/4 شمام شمام
- 1/4 سكر بطيخ
- 100 جرام توت أزرق
- 5 حبات قهوة (مطحونة)
- 100 غرام جبن غنم (أو جبن ماعز)
- 10 أوراق نعناع
- 1 ملعقة كبيرة عسل

تحضير

1. قشر البطيخ للحصول على سلطة فواكه مـع البطيخ والتـوت الأزرق وجبن الغنم وقطعها إلى مكعبـات كبيرة.
2. تخلط مع العنب البري وتنتشر على طبق.
3. انشر البن المطحون على البطيخ. قطعي الجبن إلى شرائح رفيعة وضعيها على سلطة البطيخ.
4. سلطة فواكه مع القليل من العسل ومزينة بالنعناع.

13. سلطة فواكه مع الأفوكادو والتوت والمكسرات

مكونات

- 2 أفوكادو
- 150 مل كريمة مخفوقة
- 1/4 ليمون (عصير)
- 50 جرام سكر
- 200 جرام توت بري
- 2 ملعقة كبيرة مكسرات مشكلة تريل
- 2 ليمون حامض
- 1 ملعقة كبيرة سكر بودرة

تحضير

1. قشر ولب الأفوكادو والتوت للحصول على سلطة الفاكهة مع الأفوكادو وقطع إلى مكعبات صغيرة.
2. اهرسها مع عصير الليمون والسكر. اخفقي الكريمة المخفوقة حتى تتماسك مع التقليب في الأفوكادو.
3. يقشر الليمون الحامض ويقطع اللحم بين الأغشية الفاصلة البيضاء. تخلط مع توت العليق المغسول والسكر البودرة.
4. يقسم بين أربعة أكواب ويرش بمزيج أثر مفروم خشن.
5. سلطة الفاكهة مع كريمة الأفوكادو وبعض التوت مقبلات.

14. سلطة فواكه مشوية بالفراولة والأناناس والتين والجريب فروت

مكونات

- 2 حبة تين
- 4 حبات فراولة
- 2 حبة من البرقوق (أصفر ، حلقات صغيرة)
- 1 اليوسفي
- 1 روبي جريب فروت
- 1/4 أناناس
- 1 ملعقة صغيرة سكر بودرة
- 1 ملعقة كبيرة عصير ليمون
- 2 ملعقة كبيرة فستق حلبي (مقطع)
- 3 ملاعق كبيرة زيت بذور العنب

تحضير

1. بالنسبة لسلطة الفواكه المشوية ، قم بإعداد الصلصة أولاً. ثم اخلطي السكر البودرة وعصير الليمون وزيت بذور العنب والفستق.
2. قطع الفراولة والتين إلى نصفين. نقطع الأناناس إلى شرائح رفيعة والفاكهة المتبقية إلى قطع كبيرة.
3. ادهن كل الفاكهة بقليل من زيت بذور العنب.
4. اشوي الفاكهة في مقلاة شواء أو من جميع الجوانب حتى تتحول الفاكهة إلى لون غامق جميل.
5. ثم رتبي الفاكهة على طبق ورشي عليها الصلصة.
6. قدمي سلطة الفاكهة المشوية وهي لا تزال دافئة.

15. سلطة فواكه مخبوزة مع طلقة واحدة

مكونات

- 1 خوخ
- 1 تفاحة
- 1/4 أناناس
- 1 موزة
- 20 غرام عنب
- 20 جرام توت
- 1/2 برتقال (عصير)
- 1/2 ليمون
- 1 قرن فانيليا (لب)
- 4 بيضات
- 1 ملعقة كبيرة عسل
- 2 ملعقة كبيرة شراب الروم
- 1 ملعقة كبيرة ليكيور برتقال

تحضير

1. لتحضير سـلطة الفاكهـة المشـبعة بالجرعـات ، قم بتحضير الفاكهـة أولاً. للقيـام بـذلك ، اغسـل الخـوخ والتفاح وإزالة الحجر وتقطيعه إلى مكعبات. بعد ذلك ، قشر الأناناس ، أزل الساق وقطع النرد ، أزل قشر الموز ، وقطّع إلى شرائح. بعد ذلك ، اغسـلي العنب والتـوت ، وقطعي البرتقـال والليمـون إلى نصفين واضـغطي عليهمـا. أخيرًا ، اقطع الفانيليا بـالطول واكشط اللب.

2. اخلطي صفار البيض مع العسل ولب الفانيليا والروم ومسـكرات البرتقـال وعصير البرتقـال والليمـون. يخفق بياض البيض حتى يصبح ثلجًا ثابتًا ويقلب في خليط صفار البيض. املأ الفاكهة المقطعة في قوالب صغيرة مقاومة للحريـق ، وقم بتغطيتهـا بكتلـة الثلج

واخبزيها في الفرن على حرارة 180 درجة (الحمـل الحراري) لمدة 10 دقائق تقريبًا.

3. اتركي سلطة الفواكه المشـوية تـبرد لفـترة وجـيزة وقدميها.

16. سلطة فواكه البينا كولادا الاستوائية

مكونات

- 1/2 أناناس
- 1 موزة
- 1 تفاحة
- 1/2 سكر البطيخ (بدلا من البطيخ المن العسل)
- 50 مل حليب جوز الهند (من العلبة)
- 30 مل عصير أناناس
- 2-3 ملاعق كبيرة ليكيور جوز الهند
- 2-3 ملاعق كبيرة جوز هند مجفف
- طلقة واحدة من الروم (أبيض)

تحضير

1. أولاً ، قم بإعداد جميع مكونات سلطة فواكه البينا كولادا الاستوائية. قشر الأناناس ، انزع ساق الأناناس وقطّع إلى مكعبات. بعد ذلك ، قشر وقطع الموز ، اغسل التفاح ، أزل اللب وقطّع إلى مكعبات. أخيرًا ، قلب البطيخ وأزل القشر والبذور وقطّعها إلى قطع بحجم اللدغة.
2. اخلطي حليب جوز الهند مع عصير الليمون والأناناس ، مسكر جوز الهند ، جوز الهند المجفف ورشة من الروم.
3. ضعي قطع الفاكهة المقطعة في وعاء أكبر ، أضيفي خليط البينا كولادا وقلبي جيدًا. قسمي سلطة فواكه البينا كولادا الاستوائية إلى أوعية صغيرة وقدميها.

17. سلطة فواكه مخبوزة

مكونات

- 1 خوخ
- 1/4 أناناس
- 20 حبة توت بري
- 1 اليوسفي
- 10 فيزاليس
- 2 تفاح
- 1 ملعقة صغيرة عسل
- 1 قرن فانيليا (لب)
- 4 بياض بيض
- 100 غرام من السكر

تحضير

1. بالنسبة لسلطة الفواكه المخبوزة، اخفـق بيـاض البيض مع السكر حتى تحصل على ثلج صلب.
2. تقطع الفاكهة إلى مكعبات صغيرة وتخلط مع العسل ولب الفانيليا. يقسم إلى أربعة أشكال لاذعـة وينشـر بياض البيض في الأعلى.
3. اخبز في 120 درجة مئوية لمدة 60 دقيقةـ.
4. أخرجي سلطة الفاكهة المخبوزة من الفرن واتركيهـا تبرد لفترة وجيزة وقدميها على الفور.

18. سلطة فواكه الهندباء

مكونات

- 500 جرام هندباء
- 200 غ صدر ديك رومي (مدخن)
- 4 قطع برتقال
- 3 قطع موز
- 150 جرام من أعشاب البرانش ليجير
- 150 جرام زبادي
- 2-3 ملاعق كبيرة عصير ليمون
- ملح
- فلفل (أبيض)
- سكر
- 40 غ جوز

تحضير

1. لتحضير سلطة فواكه الهندباء ، اغسلها واتركها حتى تجـف وقطّعهـا إلى نصفين. قم بقطـع الأطـراف العلوية للأوراق ، وقطـع السـاق على شكل إسفين وتقطيعها إلى شرائح رفيعة. يُقطـع صـدر الـديك الرومي إلى شرائح رفيعة ويُمزج مع الهندباء.

2. قشر 3 حبات برتقالات سميكة بدرجـة كافيـة لإزالـة القشرة البيضاء ، وقطـع شـرائح الفاكهـة وإضافتها إلى الهندباء ، وجمع العصير. بعد ذلك ، قشـر وقطـع الموز واخلطه مع سلطة فواكه الهندباء.

3. اضـغط على آخـر برتقالـة. يقلب الـبرانش واللبن الزبادي حتى يصبح المزيج ناعمًا ، ويخلط مع عصـير البرتقـال والليمـون. يتبـل بالملح والفلفـل والسـكر حسب الرغبة.

4. صب الصلصة فوق سلطة فواكه الهندباء. يقطع الجوز خشنًا ويرش فوقه. يبرد لمدة ساعة قبل التقديم.

19. سلطة كيوي

مكونات

- 4 قطع من فاكهة الكيوي
- 500 غرام عنب (نصفين)
- 4 كمثرى
- 8 ملاعق كبيرة عسل
- 1 قطعة ليمون (عصير)
- بعض أوراق النعناع

تحضير

1. لتحضير سلطة الكيوي ، قشري الكيوي وقطعيه إلى نصفين وقطعيه إلى شرائح. بعد ذلك ، اغسل العنب واقطعه إلى نصفين وأزل البذور. أخيرًا ، قشر الكمثرى ، واقطعها إلى نصفين ، ثم قم بإزالة الغلاف وتقطيعها إلى شرائح أيضًا.

2. اخلطي الثمار برفق.

3. قلب عصير الليمون مع العسل واسكبه فوق سلطة الفاكهة. زينيه ببعض أوراق النعناع.

20. سلطة المعكرونة بالفواكه

مكونات

- 250-300 جرام معكرونة (مثل فوسيلي)
- 120 جرام من العنب البري
- 150 جرام عنب (بدون بذور)
- 1 تفاحة (حامضة)
- 1 نكتارين (بدلا من الخوخ)
- 1 موزة
- 1 قرن فانيليا (لب)
- 1/2 ليمون (عصير)
- 5-6 أوراق نعناع (طازجة)
- رشة قرفة مطحونة
- 1 ملعقة كبيرة عسل

تحضير

1. بالنسبة لسلطة المعكرونة بالفواكه ، يُغلى الماء أولاً في قـدر كبـيرة ، ويُضـاف الملح ويُطهى المعكرونة (على سبيل المثال بيني) فيها حتى تنضج.

2. في غضون ذلك ، قم بإعداد باقي مكونات السـلطة. اغسل التوت والعنب والتفاح والنكتارين واتركها حتى تجـف. اقطع العنب إلى نصفين وقطّـع النكتـارين والتفـاح إلى نصـفين. قشـر وقطـع المـوز. قطعي الفانيليا بـالطول ، اكشـطي اللب ، وقطعي الليمـون إلى أنصاف ، ثم اعصريه. قطـف أوراق النعنـاع من السيقان واقطعها جيدًا.

3. صفي المعكرونة المطبوخة واشطفها واتركها تـبرد قليلاً. ثم تخلط المعكرونة مـع الفاكهـة ولب الفانيليا والقرفة وعصير الليمون والنعناع وملعقـة كبـيرة من العسـل في وعـاء أكـبر. يمكن تقـديم سـلطة المعكرونة بالفواكه على الفور.

21. سلطة الكيوي الذهبي مع الأناناس واللبن

مكونات

للسلطة:

- 1 ثمرة أناناس (مقشرة ، منزوعة الساق ، مقطعة إلى ألواح)
- 3 حبات كيوي ذهبية (مقشرة ومقطعة إلى أسافين)
- 60 غ من المكسرات البرازيلية (مفرومة خشنة)

للتتبيلة:

- 200 جرام زبادي (يوناني)
- 3 ملاعق كبيرة زيت زيتون
- 1/2 ليمون (عصير وبشر)
- ملح البحر
- فلفل (من الطاحونة)
- زعتر (للتزيين)

تحضير

1. لتحضير سلطة الكيوي الذهبية مع الأناناس واللبن ، تخلط جميع المكونات جيداً مع الصلصة وتتبل بالملح والفلفل.
2. تُشوى قطع الأناناس في مقلاة شواء بدون دهن للسلطة. رتب على أطباق مع شرائح الكيوي.
3. رشي الفاكهة بالتتبيلة وزيني سلطة الكيوي الذهبية بالأناناس واللبن مع المكسرات البرازيلية والزعتر.

22. مصاصة الفاكهة

مكونات

- 1 كيوي
- 1 كيس فراولة
- 1 علبة من التوت الأزرق
- 1/2 مانجو
- شراب البلسان
- الماء (حسب طعم وحجم القوالب)

تحضير

1. أولاً ، قم بإعداد أشكال المصاصة (اشـطفها إذا لـزم الأمر) لمثلجات الفواكه وضع إمـا الأغطيـة أو أعـواد المصاصة الخشبية في متناول اليد.

2. قشر الكيـوي وقطّع إلى شـرائح ـ اغسـلي الفراولـة ونظفيها وقطعيها إلى مكعبـات صغيرة. بعـد ذلك ، اغسل وفـرز العنب البـري. أخيـرًا ، قشـري المـانجو وقطعيها إلى شرائح رفيعة.

3. وزعي الفاكهة على قـوالب الآيس كـريم. تملأ جيـدا. قم بتخفيـف شـراب البلسان بالمـاء حسـب ذوقـك. صب عصير البلسان على القوالب. أدخـل الغطـاء أو عيدان تناول الطعام.

4. ضـعيه في الفريزر لعـدة سـاعات أو طـوال الليـل. أفضـل طريقـة لإخـراج المصاصـة من العفن هي غمس القوالب في ماء دافئ.

56

23. سلطة ماندرين بوميلو فلامبيد

مكونات

- 4-6 اليوسفي (بدون بذور ، أو حوالي 300-400 جم ساتسوما أو كليمنتين)
- 1 بوميلو (أو 2 جريب فروت وردي)
- 1 موزة
- 2 ليمونة (غير مبشورة)
- 2-3 ملاعق كبيرة عسل (مسخن)
- الزبيب (منقوع في الجرابا أو الروم حسب الرغبة)
- 4 ملاعق كبيرة جوز
- 6 ملاعق كبيرة روم (نسبة عالية أو كونياك وما إلى ذلك إلى فلامبي)

تحضير

1. بالنسبة لسلطة البوميلو اليوسفي المشتعلة ، قشر اليوسفي وفكها في أسافين وأزل الجلد عنها قدر الإمكان ، أو على الأقل الخيوط البيضاء. قشر البوميلو أيضًا ، وقسمه إلى أسافين وقشرها. (يمكن أن تتفتت الشقوق.) ضع الماندرين والبوميلو في وعاء مع تسرب العصير. اغسل الليمون الحامض جيدًا وافرك القشر مباشرة في اليوسفي على مبشرة. تخلط بلطف.
2. اعصر الليمون الحامض. الآن قشر الموز وقطعه إلى شرائح ورشه على الفور بقليل من عصير الليمون. رتب بشكل زخرفي على أطباق مع اليوسفي المتبل.
3. يُمزج عصير الليمون المتبقي مع العسل الدافئ ويُسكب فوق السلطة. نقطع الجوز إلى قطع صغيرة

ونحمصــها لفــترة وجــيزة في مقلاة غــير مدهونــة بالزيت. تخلـط مـع الـزبيب المنقـوع حسـب الرغبـة ويرش فوق السلطة. صب الكحـول عليهـا واشـعلها. تتماشى سلطة الماندرين والبوميلو الملتهبـة بشـكل جيــد مــع المعجنــات المقرمشــة القصــيرة أو الكانتوتشي الإيطالي أو أصابع السيدة.

24. وعاء مصنوع من عجينة البسكويت

مكونات

- 500 جرام دقيق (اضبط الكمية حسب التناسق)
- 1 ملعقة صغيرة من صودا الخبز
- 1 ملعقة صغيرة ملح
- 300 جرام شوكولاتة
- 250 جرام زبدة (طرية)
- 135 جرام سكر (بني)
- 190 جم سكر حبيبي
- كيس واحد من سكر الفانيليا
- 2 بيض

تحضير

1. أولاً ، سخني الفرن إلى 190 درجة مئوية لوعاء عجين البسكويت.
2. اخلطي الدقيق مع صودا الخبز والملح واتركيه جانبًا. نقطع الشوكولاتة.
3. اخفقي الزبدة ونوعي السكر وسكر الفانيليا حتى تصبح كريمية. أضف البيض واحدًا تلو الآخر وقم بطيه جيدًا في كل مرة. قلبي خليط الدقيق وقطع الشوكولاتة بالتناوب في أجزاء حتى يتحقق الاتساق الذي يمكن دحرجته للخارج. لا ينبغي أن تكون العجينة متفتتة للغاية بحيث لا يمكن تشكيلها بسهولة لاحقًا. اعجن ثم لفها في غلاف بلاستيكي وضعها في الثلاجة لمدة نصف ساعة.
4. في غضون ذلك ، دهن قاع صينية المافن بالزبدة.
5. أفرد العجينه. قطع دوائر أكبر من قوالب الكب كيك. ضع دائرة العجين بحذر فوق انتفاخ في صينية

المافن واضغط عليها. اتـرك دائمًـا حافـة بين أغلفـة
ملفات تعريف الارتباط.
6.	اخبزي وعاء عجين البسكويت لمدة 10 دقائق. أزلها
واتركها تبرد (هذا سيجعلها صلبة). أخرجه بعنايـة من
علب المافن.

25. كروكيت الكستناء الحلو

مكونات

- 500 غ من الكستناء (مقشر)
- 250 مل حليب
- 90 غ من فتات البسكويت (أو بسكويت الغريبة المسحوقة)
- 1 ملعقة صغيرة من قشر البرتقال (من برتقال عضوي غير معالج)
- 1 ملعقة صغيرة من قشر الليمون (من ليمون عضوي غير معالج)
- 150 جرام زبدة
- 2 بيض
- 70 غ من فتات البسكويت (للبقسماط)
- 1 ملعقة صغيرة من لب الفانيليا
- 1 ملعقة صغيرة سكر
- زيت للقلي)
- سكر حبيبات (للرش)

تحضير

1. يُسلق الكستناء في الماء لمدة 20 دقيقة حتى يصبح طريًا ، ويُصفى ، ويهرس للحصول على كروكيت الكستناء الحلو.
2. يُمزج الحليب مع قشر البرتقال والليمون والفتات والسكر ولب الفانيليا في وعاء ، ويُسخن ببطء ثم يُضاف هريس الكستناء.
3. اخفقي بيضة واخفقيها وقلبيها مع مزيج الكستناء.
4. استخدم كيس أنابيب لحقن عيدان بطول 3 سم واتركها تبرد. بعد ذلك ، استخدمي الأيدي المبللة لتشكيل الكروكيت أو كرات بحجم حبة الجوز من العصي.

5. تخفق البيضة الثانية وتتبل بالملح.
6. اغمس الكروكيت في فتات البسكويت واقليها في زيت ساخن 180 درجة مئوية.
7. أخـــرجي الكـــروكيت الجـــاهز من الــزيت بملعقـــة مشقوقة وصفيها على لفافة المطبخ.
8. نرش كروكيت الكستناء الحلو بالسـكر المحبب قبـل التقديم.

65

26. سلطة فواكه مع كريمة الفانيليا والبسكويت الخام

مكونات

- حاسب شخصي 1. مانجو
- 1 حبة موز
- 1 كمثرى
- 2 قطعة خَوخ
- 2 قطعة برتقال
- 2 ملعقة كبيرة شراب البيلسان
- حاسب شخصي 1. راما كريمفين (فانيليا)
- 4 قطع بسكويت اوريو

تحضير

1. لسلطة الفواكه مع كريمة الفانيليا والبسكويت الخام ، قشر المانجو والموز والكمثرى وقطعيها إلى مكعبات صغيرة. قطّع الخوخ إلى مكعبات بنفس الطريقة. قم بعصر البرتقال ، وأضف العصير إلى الفاكهة ، وقم بتحلية بشراب البلسان. تخلط جيدا وتترك لتتبل لمدة ساعتين.
2. Beat Rama Cremefine ، بسكويت كرامبل.
3. تُوزّع سلطة الفاكهة على أطباق الحلوى ، وتُسكب فوقها كريمة الفانيليا ويُوزّع فوقها البسكويت المفتّت.

27. سلطة فواكه مع روحية

مكونات

* 1 موزة
* 4 حبات مشمش
* 1 خوخ
* 15 حبة عنب
* 1 برتقال (عصير)
* 2 ملعقة كبيرة. المسكرات البلسان

تحضير

1. بالنسبة لسلطة الفاكهــة مـع المشـروبات الروحيـة ، قم أولاً بتقطيــع الفاكهــة إلى قطــع ، ثم اعصــر البرتقال وأضف العصير ، ثم أضف مشروب البلسان ، واخلط جيدًا. برد لمدة 60 دقيقة.
2. ثم قسّم سلطة الفاكهة مع المشروبات الروحية إلى أطباق وقدمها.

28. سلطة فواكه بالقرفة

مكونات

- 1 كوب زبادي طبيعي (1.5٪)
- 1 ملعقة صغيرة قرفة
- 1 ملعقة صغيرة عسل
- 2 ملعقة كبيرة شوفان
- 2 ملعقة كبيرة كورن فليكس
- 1 تفاحة
- 1 موزة
- حفنة من العنب

تحضير

1. بالنسبة لسلطة الفاكهة مع القرفة ، اخلطي لب التفاح وقطعيه إلى قطع صغيرة. بعد ذلك ، قطع الموز إلى شرائح۔

2. قطع العنب إلى نصفين ولبه. اخلطي الزبادي مع القرفة والعسل واخلطيهم مع قطع الفاكهة في وعاء.

3. نثر الرقائق في الأعلى واستمتع بسلطة الفواكه مع القرفة.

29. سلطة فواكه

مكونات

- 1 موزة
- 1 تفاحة
- بعض الزبيب
- 10 حبات فراولة
- حبيبات الشوكولاتة (للتزيين)

تحضير

1. قطـع المـوز والتفـاح والفراولـة إلى قطـع صـغيرة الحجم لسلطة الفاكهة.
2. نضـع الـزبيب والفاكهـة في وعـاء ونزينهـا بحبيبـات الشوكولاتة.

73

30. سلطة فواكه غريبة

مكونات

- 1/2 حبة رمان
- 1/2 جهاز كمبيوتر. مانجو
- 1 قطعة. البرسيمون
- 200 جرام بابايا
- 1 حبة موز

تحضير

1. اعصر الرمان وضع العصير والبذور في وعاء لسلطة الفواكه الغريبة. نقطع المانجو والبرسيمون والبابايا والموز إلى قطع وتخلط مع الرمان.

31. سلطة فواكه مع ايس كريم فانيليا

مكونات

- 2 قطعة برتقال
- 2 تفاح
- 1 حبة موز
- 1 ليمون (عصير منه)
- 1/2 علبة (ق) كرز حامض (منقور)
- 2 ملعقة كبيرة عسل
- 4 سل روم
- 4 آيس كريم فانيليا
- 125 مل كريمة مخفوقة
- 1 حفنة من رقائق اللوز

تحضير

1. لسلطة الفواكه مع آيس كريم الفانيليا ، قشر البرتقال والتفاح والموز وقطّعهم إلى شرائح رفيعة معًا. رشي عليها عصير الليمون.
2. يصفى ويضاف الكرز الحامض. يُقلب العسل مع الروم حتى يصبح ناعمًا ، ويُسكب فوق الفاكهة ويُترك منقوعًا.
3. انشر الثلج على أطباق مبردة واسكب سلطة الفواكه عليها. تُخفق الكريما المخفوقة حتى تتجمد وتُزين سلطة الفاكهة بها.
4. نثر رقائق اللوز في الأعلى وقدمي سلطة الفواكه مع آيس كريم الفانيليا.

32. سلطة فواكه مع ركلة

مكونات

- حاسب شخصي 1. البرتقالي
- 150 جرام فراولة
- 100 جرام توت بري
- ربع حبة شمام
- 1 تفاحة
- 100 جرام كرز
- 1 ليمون
- 50 جرام من العنب
- 40 مل ماليبو

تحضير

1. بالنسبة لسلطة الفاكهة ، قم بإزالة الأخضر من الفراولة واغسلها بالتوت والكرز والعنب. بعد ذلك ، قشري البرتقال والبطيخ وقطعيهما إلى قطع صغيرة.
2. تقطع الفراولة إلى أنصاف وربع. قلب التفاح وقطعه إلى قطع صغيرة. نواة الكرز ونقطعه إلى نصفين مع العنب. اخلطي الفاكهة في وعاء واعصري الليمون فوقها.
3. أخيرًا ، قم برش سلطة الفاكهة مع ماليبو واخلطها جيدًا.

33. سلطة فواكه مع الروم بالزبيب

مكونات

* 1 حبة موز
* 1 تفاحة
* مانجو 1. يصخش بساح
* برتقال 1. يصخش بساح (عصير منه)
* 4 ملاعق كبيرة زبيب روم
* 1 ملعقة كبيرة عسل

تحضير

1. لسـلطة الفاكهـة مـع زبيب الـروم ، قشـر المـانجو وقطعيهـا من القلب. بعـد ذلـك ، قشـر المـوزة ، وقطعيها من المنتصف بالطول وقطعيها إلى شرائح.

2. قم بتقطيع التفاح إلى أرباع ولبه ومقطع إلى شرائح صغيرة. اعصري البرتقال. تنقـع الفاكهـة بالعسـل وعصير البرتقال ، وتخلط مع زبيب الروم.

3. يقسم إلى أطباق الحلوى ويقدم سلطة الفواكـه مـع زبيب الروم المبرد جيدًا.

81

34. سلطة فواكه مع قبعة زبادي

مكونات

- 1 تفاحة
- حاسب شخصي 1. البرتقالي
- 1 كمثرى
- 50 غرام عنب
- 500 جرام زبادي فراولة (خفيف)
- جرعة واحدة من المُحلي السائل
- 4 قطع كرز امارينا

تحضير

2. لسلطة الفاكهة مع قبعة الزبادي ، قشر وقطع الفاكهة.
3. فيليه البرتقال ، اغلي 50 مل من الماء مع رشة واحدة من التحلية. اجلب الثمرة إلى الغليان لفترة وجيزة. بالُوعَة.
4. امزج زبادي الفراولة مع قطع الفاكهة ، املأها في أوعية وزين كل منها بالكرز.
5. قدمي سلطة الفاكهة مع غطاء اللبن.

35. سلطة فواكه مع اللبن

مكونات

- 250 غرام عنب
- 3 قطع من النكتارين
- 250 جرام زبادي طبيعي
- التوت البري (حسب الرغبة)

تحضير

1. بالنسبة لسلطة الفاكهة ، اغسل العنب والنكتارين ثم قطع النكتارين إلى قطع. بعد ذلك ، نضع في وعاء ونضيف العنب.
2. يُمزج جيدًا ويُسكب في أوعية صغيرة ، ويُغطى بالزبادي الطبيعي ويُضاف التوت البري إذا أردت.

36. سلطة فواكه مع كاممبرت

مكونات

- 1/2 قطعة سكر بطيخ
- شريحتان من البطيخ
- 2 قطعة برتقال
- 2 قطعة كيوي (أصفر)
- 4 شريحة (شرائح) من الكممبير
- ملح
- 2 ملعقة كبيرة زيت
- 2 ملعقة كبيرة خل نبيذ أبيض
- فلفل (أبيض)

تحضير

1. بالنسبة لسلطة الفاكهة مع الكاممبرت ، اغسل برتقالة واحدة جيدًا ، ثم قشر القشر برفق ، وقطع البرتقال إلى نصفين ، ثم اعصره. احتفظ بالعصير للتتبيلة.
2. قشر البرتقال الثاني وشرائحه كثيفة. قشر الكيوي وقطّع إلى قطع. كزة كرات بأحجام مختلفة من البطيخ باستخدام قاطعة كروية.
3. رتبي كل الفاكهة في طبق ، وضعي الكممبير في الأعلى واسكبي عليها خليط من الخل والزيت والملح والفلفل الأبيض وبرش البرتقال.

37. سلطة فواكه وبذور عباد الشمس

مكونات

- 2 أناناس صغير
- 1 تفاحة
- 1 كمثرى
- 2 ملعقة كبيرة ليمون (عصير)
- 2 حبة موز
- 1 كيوي (ربما 2)
- 6 ملاعق كبيرة عصير برتقال
- 2 ملعقة كبيرة صلصة جوز الهند
- 2 ملعقة كبيرة بذور عباد الشمس

تحضير

1. بالنسبة لسلطة الفاكهة مع بذور عباد الشمس ، نظف الأناناس ، وأزل القشر وقطّع إلى شرائح بسمك 1/2 سم.
2. انزع الساق ، وقطع الشرائح إلى أرباع وضعها في وعاء كبير بما يكفي. اشطف التفاح والكمثرى ، انزع القلب ، قطّع مكعبات واخلط مع الأناناس.
3. رشي قطع الفاكهة بعصير ليمونة واحدة ، انزعي قشر الموز والكيوي ، وقطعيها إلى شرائح رفيعة وضعيها بعناية تحت باقي الفاكهة.
4. يُسكب عصير البرتقال وبذور عباد الشمس فوق السلطة ويقدم سلطة الفاكهة الجاهزة مع بذور عباد الشمس مع رش جوز الهند.

38. سلطة فواكه مع صلصة الزبادي

مكونات

- 500 جرام فراولة
- 2 ملعقة كبيرة سكر
- 0.5 شمام أو شمام
- 200 غ من البرقوق مثل الأزرق والأصفر
- 4 ملاعق كبيرة عصير ليمون (أو عصير ليمون)
- 1 كوب (236 مل) أناناس شرائح
- 150 جرام زبادي كريمي
- كيس واحد من سكر الفانيليا
- ربما قليلا من النعناع الطازج

تحضير

1. اشـطف ونظـف الفراولـة وقطرهـا إلى النصـف أو الربع حسب الحجم. يـرش السـكر في وعـاء الخـبز. غطيه وارسمي لمدة 15 دقيقة.

2. قلب البطيخ وقطعـه إلى أسـافين. نقطـع اللحم عن الجلـد. اشـطف البـرقوق واقطعـه إلى أسـافين من الحجـر. رشـي عليهـا عصـير الليمـون أو الليمـون. اخلطي المكونات المحضرة.

3. لصلصـة الأنانـاس ، قطّعيهـا إلى مكعبـات باستثناء شريحة واحدة وطحنوها مع العصير. أضيفي الزبـادي وسكر الفانيليا. على شكل سلطة فواكه.

4. قطّع باقي الأنانـاس إلى مكعبـات. يقطع النعنـاع إذا أردت. يرش كلاهما فوق الخس.

91

39. سلطة فواكه مع صلصة الزبادي بالفانيليا

مكونات

فاكهة:

- 2 تفاح
- 1 موزة
- عصير نصف ليمونة
- 2 برتقالة

صلصة:

- 1 بياض بيضة
- 2 ملعقة كبيرة سكر
- 1 حبة فانيليا
- 75 جرام زبادي
- 1 صفار بيضة
- 100 جرام كريمة مخفوقة

تحضير

1. قطع التفاح إلى شرائح وقطع الموز ورش عصير الليمون. نقطع البرتقال إلى قطع. وزعي الفاكهة بالتساوي على أربعة أطباق.
2. يُخفق بياض البيض حتى يتجمد ، ويُرش بالسكر من أجل الصلصة. بذور الفانيلا. تُكشط وتُحرك مع الزبادي وصفار البيض. تُخفق الكريما المخفوقة حتى تتجمد ، ويُضاف إليها بياض البيض. إلى شكل الفاكهة.

40. سلطة فواكه سريعة

مكونات

- 1 تفاحة (متوسطة)
- 1 موزة
- حفنة من العنب
- بعض الفراولة
- بعض الكرز (حرض)
- 1 علبة (علب) كوكتيل فواكه
- ليمون
- قصب السكر (إذا لزم الأمر)

تحضير

1. للحصول على سلطة فواكه سريعة ، اغسل الفاكهـة وقطعها ولبها إذا لزم الأمر. قم بـرش المـوز بعصـير الليمون لمنعه من التحول للون البني.
2. ضعي كل شيء في وعاء مع كوكتيل الفاكهـة وتبليـه بقصب السكر وسكر الفانيليا.

41. سلطة فواكه وفاكهة استوائية مع ركلة

مكونات

- 1/2 أناناس
- 1 حبة موز
- 12 قطعة كرز أمارينا
- 4 ملاعق كبيرة شراب غرينادين
- 4 ملاعق كبيرة جوز هند رم
- 60 مل من مشروب بيض ليكيور

تحضير

1. قشر الموز وقطّع إلى شرائح للفاكهة الاستوائية وسلطة الفاكهة مع ركلة. بعد ذلك ، قشر الأناناس وقطع الساق وقطع اللب إلى قطع صغيرة.
2. تُمزج قطع الأناناس وشرائح الموز مع شراب غرينادين ورم جوز الهند ومسكرات البيض ، وتترك لتتبل لمدة ساعة على الأقل.
3. سلطة فواكه استوائية مع ركلة لإعطاء 4 أكواب جميلة ومغطاة بـ 3 حبات كرز سوداء.

42. سلطة فواكه ملونة

مكونات

- 500 غرام عنب (بدون بذور)
- 2 تفاح
- 2 كمثرى
- 2 قطعة خَوخ
- 1/2 قطعة سكر بطيخ
- 500 جرام فراولة
- 2 قطعة برتقال
- 2 قطعة ليمون (عصير)
- 5 ملاعق كبيرة شراب البيلسان
- 4 ملاعق كبيرة عسل

تحضير

1. بالنسبة لسلطة الفاكهة ، قشر البرتقال وشرائح شرائح البرتقال ، ثم اعصر العصير من الباقي.
2. نظف الفراولة وقطعها. انزع البذور من التفاح والكمثرى والبطيخ وقطعيها إلى قطع صغيرة. بعد ذلك ، يقطع العنب إلى نصفين ويقطع الخوخ.
3. ضعي كل الفاكهة في وعاء كبير ، واخلطيها مع شراب البلسان والعسل. سلطة فواكه ضبط ساعة واحدة باردة.

43. كريمة اللبن الرائب مع سلطة فواكه

مكونات

- 300 جرام زبادي (يوناني)
- 250 جرام أواني كريمة
- 2 ملعقة كبيرة شراب الصبار
- 2 ملعقة كبيرة معجون فانيليا
- 1/2 تفاحة
- 1/2 كمثرى
- 60 جرام من التوت
- 15 حبة عنب (بدون بذور)
- 6 حبات فراولة
- 4 سل ماراشينو
- 2 ملعقة كبيرة عصير ليمون

تحضير

1. بالنسـبة لللبن الـرائب وكريمـة الزبـادي مـع سـلطة الفاكهـة ، أخـرجي قلب التفـاح والكمـثرى وقطعيهـا إلى قطع.
2. قطعي العنب إلى أنصاف وربـع الفراولـة إلى أربـاع. انقع الفاكهة في عصير الماراشينو وعصير الليمـون ، ثم ضــعيها في الثلاجــة لمــدة 30 دقيقــة. اخلطي الزبادي مع الجبن الرائب وشـراب الصـبار ومعجـون الفانيليا.
3. انشر كريمـة الخثـارة على أطبـاق الحلـوى واسـكب الفاكهـة والعصـير عليهـا. كـريم الزبـادي مـع سـلطة الفاكهة يقدم على الفور باردًا.

44. سلطة فواكه خالية من السكر

مكونات

- 4 تفاح (عضوي)
- 500 غرام عنب عضوي
- 500 جرام فراولة (عضوي)
- 4 موزات (عضوية ، ناضجة)
- 3 كمثرى (عضوية)
- 6 ملاعق كبيرة حلوى روك (بودرة)
- 1 ليمون

تحضير

1. اغسلي الفاكهة جيداً لتحضير سلطة الفاكهة وقطعيها إلى مكعبات صغيرة. لا تقشر لأن معظم الفيتامينات موجودة في القشر! بدلا من ذلك ، ضع كل شيء في وعاء كبير وحركه جيدا.
2. ثم نرش الحلوى الصخرية على الوجه ونحرك جيدًا مرة أخرى. في النهاية ، أضيفي عصير الليمون ، من ناحية لمنع الثمرة من التحول للون البني ومن ناحية أخرى لإضفاء الحيوية على سلطة الفاكهة.

45. سلطة فواكه بسيطة

مكونات

- 400 غ من الأناناس (قطع)
- 3-4 تفاح (صغير)
- 1-2 قطعة موز
- حاسب شخصي 1. البرتقالي
- 1 قطعة ـ البرسيمون
- 1-2 جهاز كمبيوتر شخصى. كيوي

تحضير

1. أولاً ، ضعي الأناناس والعصير من العلبة في وعاء كبير لسلطة الفواكه. ثم لب التفاح وقطعيه إلى قطع صغيرة وأضيفيه إلى الأناناس.

2. ثم قشر الثمار الأخرى وقطعها إلى قطع صغيرة. (يمكن أكل البرسيمون بالقشر)

3. ترتيب وتقديم سلطة الفاكهة.

46. سلطة فواكه نباتية

مكونات

- حاسب شخصي 1. جريب فروت
- 2 قطعة من فاكهة الكيوي
- 1 تفاحة
- 3 ملاعق كبيرة زبادي الصويا

تحضير

1. لسلطة الفاكهة ، قشر الجريب فروت وفاكهة الكيوي ، اغسل التفاح. بعد ذلك ، قم بتقطيع كل شيء إلى قطع صغيرة الحجم وضعها في وعاء.
2. أضف زبادي الصويا واخلط كل شيء جيدًا.

47. سلطة فواكه صفراء

مكونات

- حاسب شخصي 1. مانجو (ناضج)
- 2 كمثرى (أصفر ، ناضج)
- 2 تفاح
- 2 حبة موز
- 2 خوخ (أصفر اللحم)
- 1 ليمون
- 1 ملعقة كبيرة عسل (سائل)

تحضير

1. بالنسبة لسلطة الفاكهة ، قشر المـانجو وافصله عن الحجـر وقطّع إلى قطع صـغيرة. اغسـل الكمـثرى والتفـاح ، ثم أزل القلب وقطّـع إلى قطـع صـغيرة الحجم.

2. قشـر المـوز وقطّع إلى قطع صـغيرة الحجم. بعـد ذلك ، اغسل الخوخ وأزل الحجـر واقطعه إلى قطع بحجم اللدغة.

3. ضـعي قطـع الفاكهـة في وعـاء واخلطيهـا. اعصـر الليمـون. امـزج العصـير مـع العسـل ورشـه على الفاكهة.

48. سلطة فواكه البطيخ

مكونات

- 300 جرام بطيخ
- 1/2 قطعة من البطيخ المن
- 1/2 قطعة سكر بطيخ
- العنب
- 1 تفاحة
- 2 قطعة برتقال (عصير)
- 2 ملعقة كبيرة عسل
- 125 مل من الماء

تحضير

1. لتحضير سلطة فواكه البطيخ ، يُقشر البطيخ ويُنظف ويُقطع إلى مكعبات صغيرة. أنصف العنب. قشر التفاح وقطّع إلى مكعبات صغيرة. اعصر البرتقال.
2. يُغلى الماء مع العسل ويُبرد ويُسكب فوق مكعبات الفاكهة ويُضاف عصير البرتقال. ضعه في مكان بارد واتركه منقوعًا لمدة 60 دقيقة على الأقل.

49. سلطة فواكه كيوي

مكونات

- 600 جرام أناناس
- 4 كيوي
- 2 حبة موز
- 1 حبة رمان
- علبتان من سكر الفانيليا
- 2 ملعقة كبيرة سكر بودرة
- 3 ملاعق كبيرة ليمون (عصير)
- 3 ملاعق كبيرة شراب غرينادين

تحضير

1. بالنسبة لسلطة فاكهة الكيوي ، قم أولاً بتقطيع الأناناس طوليًا إلى أثمان ، وقطع قاعدة الساق إلى قطع صغيرة ، وقطع اللب من الجلد إلى قطع قطريًا. قشر وقطّع فاكهة الكيوي والموز.
2. قطعي ثمرة الرمان قطريًا ، اكشطي البذور والعصير بملعقة. امزج كل شيء في وعاء. اخلطي عصير ليمونة مع السكر البودرة وسكر الفانيليا وغرنادين مع الفاكهة. أحضر سلطة فاكهة الكيوي إلى الطاولة مثلجًا.

50. سلطة فواكه البرقوق والأناناس

مكونات

- 1 أناناس
- كوانترو
- عسل
- نعناع
- 11 برقوق
- سكر ناعم

تحضير

1. قطع الأناناس لسلطة فاكهة البرقوق والأنانـاس. قم بتقطيـع الخـوخ إلى نصـفين ولبـه ، ثم قطعـه إلى أسافين وانقعه مع كوانترو والنعناع والعسل.
2. تضـاف قطـع الأنانـاس ، وتخلـط وتـرتيب سـلطة الفاكهة بأكملها في الأناناس المجـوف. رشـي عليهـا السكر البـودرة وقـدمي سـلطة الـبرقوق والأنانـاس والفاكهة.

51. سلطة فواكه مع رمان

مكونات

- 1/2 حبة رمان
- 2 اليوسفي
- 2 حبة موز
- 4 برقوق
- 1 تفاحة
- 1 ساق

تحضير

1. بالنسبة لسلطة الفاكهة مع الرمـان ، قم أولاً بضـغط نصـف ثمـرة الرمـان بعصـارة حمضيات وضعها في وعاء (كل شيء - بمـا في ذلك البـذور المتبقيـة من عملية العصر).

2. اعصـر المانـدرين أيضًـا. نقطـع المـوز ونضـيفهم ونهرسـهم بالشــوكة. نقطـع الخــوخ والتفــاح والبرسـيمون إلى قطـع صـغيرة وتخلـط - سـلطة الفواكه مع الرمان جاهزة.

117

52. سلطة فواكه بالمكسرات

مكونات

- 2 قطعة برتقال
- 2 موز (ناضجة)
- 1 تفاحة
- 1 كمثرى
- 2 ملعقة كبيرة جوز (مبشور)

تحضير

1. لتحضير سلطة الفاكهة ، يُعصر البرتقـال ويُوضـع في وعاء. يمكن أيضًا إضافة اللب (بدون بذور). بعد ذلك ، قشر وقطع الموز.
2. يُهـرس عصـير البرتقـال بالشـوكة. يقطـع التفـاح والكمثرى ويخلط. يرش بالمكسرات المبشورة.

53. كوكتيل فواكه طازجة

مكونات

- 1 أناناس (هاواي ، مقشر)
- 4 خوخ (مقشر)
- 2 حبة رمان (منزوعة الأحجار)
- 2 تفــاح من نــوع Granny Smith (مقطــوع إلى مكعبات)
- 400 جرام عنب (أخضر وبذور)

تحضير

1. بالنسبة لكوكتيل الفاكهة ، اغسل الفاكهة وقطّـع كـل شيء إلى قطع.
2. اخلطي الفاكهة وقدميها معًا.

54. سلطة فواكه بالنعناع

مكونات

- 2 حبات مشمش
- 2 حبة خوخ
- 1 كمثرى
- 1 حفنة من الفراولة (منظفة)
- 6 أوراق نعناع (مقطعة إلى شرائح)
- 3 ملاعق صغيرة من السكر

تحضير

1. لسلطة الفاكهـة مـع النعنـاع ، اغسـل المشـمش والخـوخ ، أزل القلب وقطّـع إلى مكعبـات صـغيرة. اغسـلي الكمـثرى وقطعيهـا إلى أربـاع ، ثم أزيلي القلب وقطعيهـا إلى مكعبـات. قسّـم الفراولـة إلى قطع لطيفة ، امزج كل شيء جيدًا.

2. يضاف السكر والنعنـاع ويقـدم سلطة الفاكهـة مـع النعناع البارد.

123

55. سلطة البطيخ والكمثرى مع الروبيان

مكونات

- 190 جرام روبيان متبل
- شريحتان من البطيخ
- 1 كمثرى
- 1 اندفاعة من الخل البلسمي (روسو)
- 1/2 حفنة من الثوم المعمر

تحضير

1. نقطـع سـلطة البطيخ والكمـثرى مـع القريـدس إلى مكعبات أكبر للبطيخ والكمثرى.
2. قطع الثوم المعمر أيضا إلى قطع صغيرة.
3. يقلى الجمـبري في مقلاة غـير لاصـقة لبضـع دقـائق دون إضافة أي دهون إضافية لأنه متبل بالفعل. أخيرًا اقلي مكعبات البطيخ لمـدة دقيقـة واحـدة ثم ارفعي المقلاة عن النار.
4. اخلطي مكعبات الكمـثرى واتركيهـا لمـدة 1 دقيقـة. تبـل بخـل بلسـميك ، واخلطهم مـرة أخـرى وقـدم البطيخ وسلطة الكمثرى مـع روبيـان مـع رش الثـوم المعمر.

56. سلطة برتقال وكيوي مع ثلج

مكونات

- 3 قطع برتقال
- 4 قطع كيوي
- 100 جرام كوكتيل فواكه
- ليكيور البرتقال (حسب الرغبة)
- حاسب شخصي 1. برتقال (عصير منه)
- 2 ملعقة كبيرة عسل
- 1/2 ليمونة (عصير)
- فستق (مقطع)
- 120 جرام آيس كريم فانيليا

تحضير

1. لتحضير سلطة البرتقال والكيوي مـع الآيـس كـريم ، يُقشر البرتقـال والكيـوي ويقطع إلى شـرائح رفيعـة. صفي ثمار الكوكتيل.

2. اخلطي الفواكه وبرديها ـ برد الأوعية الزجاجية. يُمزج عصير البرتقـال والليمـون مـع مسكـرات البرتقـال والعسـل ، ويُخلـط جيدًا مـع الفاكهـة ، ويُـترك فـي الثلاجة لمدة نصف ساعة.

3. قسمي آيس كريم الفانيليا إلى أربعـة أجـزاءـ ضعي جزءًا من آيس كريم الفانيليا فـي كـل وعـاء زجاجي مـبرد ، وغطيـه بسـلطة الفواكـه ، ورشـي الفسـتق المفروم وقدميه على الفور.

127

57. كومبوت الكرز الحامض

مكونات

- 1 كجم من الكرز الحامض
- ماء
- 4 ملاعق كبيرة سكر قصب
- رشة من سكر الفانيليا

تحضير

1. للحصول على كومبوت الكرز الحامض ، اغسل ولب الكرز الحامض. ضعي في قدر كبير واملئي بالماء لتغطية الكرز الحامض. أضف سكر القصب وسكر الفانيليا.
2. يُغلى الكبوت ويُترك على نار خفيفة لمدة 5 دقائق تقريبًا. في غضون ذلك ، جهز الأكواب. صب كومبوت الكرز الحامض في الأكواب ، وأغلقها ، ونظفها.
3. ثم اقلبها رأسًا على عقب (بحيث يمكن عمل فراغ في النظارات) وقم بتغطيتها ببطانية (للتبريد البطيء).

58. أناناس مع طلقة

مكونات

- 1 قطعة. أناناس 1.5 كجم
- 1/8 لتر كريمة حامضة
- 3 قطع موز
- 2 رم ستامبرل (أبيض)
- 50 جرام حبيبات شوكولاتة

تحضير

1. قطع غطاء الأناناس بلقطة من الأناناس. بعد ذلك ، قم بقطع اللب بسكين صغير (اترك حافة 1 سم للوقوف) وقم بتقطيع اللب إلى قطع تقريبًا. 1 سم في الحجم.
2. نقطع الموز إلى شرائح رفيعة ونخلطها مع قطع الأناناس والمكونات المتبقية في وعاء ونصب الأناناس الفارغ. غطي الأناناس بالغطاء وضعي الأناناس في الثلاجة حتى التقديم.

59. خل زهرة البيلسان

مكونات

- 3/4 لتر خل
- 2 ملعقة كبيرة عسل أكاسيا
- 3/4 زجاج بلسان

تحضير

1. بالنسبة لخل البلسان ، املأ إناءًا نظيفًا وقابل للغلـق بسعة لتر واحد 3/4 مليء بزهـرة المسـنين الـتي تم انتزاعها بعناية من الحشرات.

2. اخفقي العسل والخل معًا ، ثم اسـكبيهما واتركيهمـا في مكان مظلم لمدة 4 أسابيع تقريبًا.

3. احفظي خـل البلسـان في كـوب أو اسـتخدميه على الفور.

60. بودينج الصويا مع سلطة فواكه ملونة

133

مكونات

- 500 مل من مشروب الصويا
- 1 علبة بودرة الفانيليا
- 2 ملعقة كبيرة سكر
- 1 خوخ
- 1 قطعة كيوي
- 3 حبات فراولة
- 8 ليتشيس
- حفنة من العنب
- 1 قطعة ليمون (عصير)
- 2 ملعقة كبيرة شراب البيلسان

تحضير

1. لبودينغ الصويا مع سلطة فواكه ملونـة ، اطبخ بودنـغ الفانيليـا مـع مشـروب الصـويا حسـب التعليمـات الموجودة على العبـوة ، املأهـا في قـوالب البودينـغ وضعها في الثلاجة لبضع ساعات.

2. قطّعي الفاكهـة إلى قطـع صـغيرة وانقعيهـا بعصـير الليمون وشراب البلسان. اقلب البودينغ من القـالب وضع سلطة الفواكه حول البودينغ.

135

61. سلطة فواكه مع بطيخ

مكونات

- 150 جرام توت
- 100 غرام من التوت (مثل العليق والتوت الأزرق)
- 2 خوخ (كبير)
- 8 حبات مشمش
- 8 برقوق
- 1 ليمون
- 50 جرام سكر
- 50 مل ماراشينو
- 1 بطيخ (وسط)
- نعناع (طازج)

تحضير

1. لسلطة الفواكه مع البطيخ ، قشر أول ، لب ، ربع ، ثم قطع الخوخ. بعد ذلك ، قم بتقطيع المشمش والخوخ إلى النصــف ، ثم قم بإزالــة اللب ، وتقطيعــه إلى قطع. ضعي التوت والسكر في وعــاء كبــير بدرجــة كافية ورشي عليها عصير الليمون والماراشينو. البرد لفترة وجيزة.

2. نقطــع البطيخ ونقطــع اللب إلى مكعبــات صــغيرة ونخلطها مــع بــاقي الثمــار. زيــني ســلطة الفاكهــة بالبطيخ بالنعناع وضعيه على المائدة.

137

62. سلطة الكمثرى والبرقوق

مكونات

- 1/2 كجم من البرقوق
- 1/2 كيلو من الكمثرى
- 3 ملاعق كبيرة ليمون (عصير)
- 2 ملعقة كبيرة شراب كمثرى
- 5 رقائق لوز داغ
- بذور عباد الشمس لمدة 5 أيام
- 1/4 لتر حليب حامض

تحضير

1. بالنسبة لسلطة الكمثرى والبرقوق ، تحمص بذور عباد الشمس في مقلاة بدون دهون حتى تفوح رائحتها. دعها تبرد.
2. اغسل البرقوق ، واقطعه إلى نصفين ، واقطع اللب إلى نصفين إلى شرائح.
3. قشر الكمثرى وربعها ، انزع القلب وقطّع الثمرة إلى مكعبات.
4. رشي قطع الفاكهة بعصير الليمون.
5. اخلطي باقي عصير الليمون وشراب الكمثرى والحليب الرائب وحركيه مع الفاكهة.
6. نرش سلطة الكمثرى والخوخ ببذور عباد الشمس واللوز المقشر.

63. سلطة فواكه مع صلصة الفول السوداني

مكونات

- 1/2 سكر بطيخ
- 1/2 أناناس
- 1 علبة فيزاليس
- بعض العنب (كبير ، بدون بذور).
- 3 ملاعق كبيرة زبدة فول سوداني (مقرمشة)
- 4 ملاعق كبيرة عصير برتقال (طازج)
- 2 ملعقة كبيرة عصير ليمون (معصور طازج)
- 1/2 ملعقة كبيرة سكر بودرة
- 4 أعواد أسنان

تحضير

1. أولاً ، بالنسبة لسلطة الفواكه مع الفول ، قطع شريحة الأناناس إلى مكعبات بحجم اللدغة ، ثم قشر البطيخ وقطعه أيضًا إلى مكعبات. اغسل العنب.
2. اخلطي زبدة الفول السوداني مع عصير البرتقال والليمون الطازج والسكر البودرة للتغميس.
3. قدمي سلطة الفاكهة مع صلصة الفول السوداني. ضعي قطع الفاكهة على السيخ باستخدام عود أسنان واغمسيها في الغمس.

64. سلطة فواكه جوز الهند مع ثلج مبشور

مكونات

- 1 جوز هند
- فواكه مشكلة حسب الرغبة (بابايا ، أناناس ، مانجو)
- مكعبات حبوب أزوكي (أو مكعبات أجار أجار)
- 1.5 ملعقة كبيرة شراب القيقب
- سكر بني حسب الرغبة
- 3.5 ملاعق كبيرة من حليب جوز الهند السميك
- 4 أكواب من الثلج المجروش ناعماً
- القرفة حسب الرغبة

تحضير

1. أولا ، افتح جـوز الهنـد. للقيـام بـذلك ، اثقب 2 أو 3 ثقوب في جوز الهند في الأماكن المظلمة (الدمامل) تحت اللحيـة بمطرقـة وأظـافر. ضـعي مصفاة فـوق قدر ، ثم أضيفي جوز الهند واتركي مـاء جـوز الهنـد يـذوب. (إذا لـزم الأمـر ، قم بحفر الفتحـات بشكل أعمـق باستخدام مفتاح.) ثم ضع جـوز الهنـد في الفرن المُسخن مسبقًا إلى 180 درجـة تقريبًا. 20 دقيقـة ثم قم بإزالتـه مـرة أخـرى. اضـربها بقـوة بمطرقـة وافتح جـوز الهنـد. قم بفك اللب وتقطيعـه إلى مكعبات صغيرة. تقطع الثمار المتبقية أيضًا إلى مكعبات صغيرة جـدًا وتخلط كـل شيء. يُمـزج مـاء جـوز الهنـد مـع حليب جـوز الهنـد وشـراب القيقب والسكر البني ويُسكب فوق الفاكهـة. تخلـط بلطـف. يضاف الثلج المسحوق ناعماً ويقلب.

143

65. آيس كريم مع صوص الفول وسلطة فواكه

مكونات

- 8 حفنات من بياض البيض (أو ثلج مجروش)
- معجون الفول (أحمر)
- 250 مل من شراب السكر
- 3 ملاعق كبيرة كرز أماريتو (للتزيين)
- لتحضير سلطة الفاكهة:
- الفاكهة (مثل الخوخ والفراولة حسب رغبتك)
- عصير ليمون
- سكر

تحضير

1. اخلطي معجون الفول مع شراب السكر للآيس كريم مع صلصة الفول وسلطة الفاكهة. أولاً ، صب بعض الثلج الجليدي في كأس نبيذ. بعد ذلك ، ضع ملعقة صغيرة من معجون الفول في الأعلى وملعقة كبيرة من سلطة الفاكهة. يُزين بالكرز الأماريتو ويُقدم.

66. سلطة الجبن والفواكه

مكونات

- 3 قطع مشمش
- 1/2 أناناس
- 1 تفاحة (كبيرة)
- 300 جرام جودة
- 250 مل كريمة مخفوقة
- 3 ملاعق كبيرة عصير أناناس
- عصير ليمون
- 2 ملعقة صغيرة خردل (ساخن)
- ملح
- الفلفل
- سلطة خضراء (للتزيين)

تحضير

1. بالنسبة لسلطة الجبن والفواكه ، قم بتقطيع الفاكهة إلى أسافين ومكعبات ، وقطع الجبن إلى شرائح ـ
2. تحضير ماء مالح بالكريمة المخفوقة وعصير الليمون وعصير الأناناس والخـردل والملح والفلفل وتسـكب فوق الفاكهة والجبن ـ حرك كـل شـيء جيـدًا واتركـه ينقع قليلاً.
3. رتب الجبن النهـائي وسـلطة الفاكهـة على أوراق الخس وقدميها.

147

67. سلطة فواكه مع تتبيلة الفاكهة

مكونات

للتتبيلة:

* 3 كيوي
* 2 كمثرى (مقشرة)
* للسلطة:
* 2 حبة موز
* 2 اليوسفي
* 150 جرام عنب (أزرق وأبيض ؛ بدون بذور)
* 1 كيوي
* 1 كمثرى
* 1 تفاحة
* 1 حفنة من الجوز (أو البندق)
* 4 ملاعق كبيرة سكر

تحضير

1. بالنسبة لسلطة الفاكهة مع تتبيلة الفاكهة ، قم بإعداد سلطة فواكه من الفاكهة.
2. قشري التفاح والكمثرى وربعهما ، انزعي القلب وقطعي قطع الفاكهة مرة أخرى.
3. في قدر صغير ، تبخر قطع التفاح والكمثرى مع القليل من الماء و 1 ملعقة كبيرة من السكر حتى تنضج.
4. قشر وقطع الكيوي والموز إلى شرائح واغسل العنب واقطف السيقان.
5. قشـر اليوسفي وقسمه إلى أسافين ، اقطع المكسرات بخشونة.
6. اخلطي الثمار جيداً في وعاء كبير.

149

7. لتحضير الصلصة ، قشر الكيوي والكمثرى. قم بإزالة اللب من الكمثرى وضع الفاكهة في دورق خلط طويل.

8. اهرس 3 ملاعق كبيرة من السكر بخلاط يدوي.

9. تُسكب الصلصة فوق الفاكهة وتُقدّم سلطة الفاكهة مع تتبيلة الفاكهة مع رشها بالمكسرات المفرومة.

68. سلطة فواكه مشوية مع جراتان بارد

مكونات

- 500 جرام كوارك
- 250 مل كريمة مخفوقة
- 1 موزة مقطعة شرائح
- 10 حبات فراولة (مقطعة مكعبات)
- 10 حبات عنب (أبيض ، نصفين)
- رشة سكر
- 1 باكيت مقرمش
- كيس واحد من شرائح اللوز
- كيس واحد من سكر الفانيليا

تحضير

1. بالنسبة لسلطة الفاكهـة ، وزعي الفواكه في وعـاء. اخلطي الكـوارك مـع الكريمـة المخفوقـة وأضـيفي السـكر. يُسـكب المـزيج فـوق الفاكهـة ويُملس كـل شيء.

2. اخلطي شـرائح اللـوز مـع السـكر الهش والفانيليـا ورشيها بقوة على الوجه. ضعه في الثلاجة لمـدة 60 دقيقة على الأقل۔

152

69. سلطة فواكه مع كينوا مقرمشة

مكونات

- 40 جم كينوا
- 0.5 ملعقة صغيرة زيت جنين القمح
- 3 ملاعق صغيرة من شراب القيقب
- 125 مل من اللبن
- 2 حبات مشمش
- 200 جرام توت (مشكل)

تحضير

1. للنساء الحوامل والمرضعات: ميوزلي دسم
2. الكينوا ، حبوب تشبه الحبوب من أمريكا الوسطى ، ذات قيمة عالية بسبب محتواها العالي من البروتين والحديد والكالسيوم. فهي صغيرة الحجم وذات طعم خفيف للغاية. على غرار Kukuruz ، يمكنك "فرقعة"ـ لهم. لكن تأكد من أنها لا تصبح مظلمة للغاية. يمكنك إضافة مغرفة من آيس كريم الفانيليا للحلوى على السلطة.
3. غطي الكينوا في مقلاة بالزيت وسخنيها على نار خفيفة حتى تنفجر. بعد دقيقة إلى دقيقتين ، أضيفي ثلث شراب القيقب والخبز المحمص لفترة وجيزة ، واسكبيها على لوح بارد وافركيها. يُمزج اللبن الرائب مع بقية القطر ، ويُنقل إلى وعاء. اشطف الفاكهة ونظف التوت وقطع المشمش إلى أسافين. وزع كلاهما بالتساوي في اللبن. ثم نرش الكينوا المبردة فوقها.
4. يمكن للكينوا المنبثقة أيضًا أن تصنع آيس كريم ممتازًا: قم بتجميد ربع لتر من اللبن. أخرجيها من

154

الفريزر واخلطيها مع 50 جم عسل و 1 رشة من مسحوق الفانيليا حتى تصبح كريمية. بعد ذلك ، اخفقي 0.2 لتر من الكريمة المخفوقة وقلبي بسرعة مع اللبن. أخيرًا ، أضيفي الكينوا المبردة - المحضرة كما هو موصوف أعلاه - وضعيها في الفريزر لمدة 6 ساعات على الأقل. ضعيها في الثلاجة قبل 30 دقيقة من تناول الطعام. أحضر فواكه طازجة أو ربما كريمة مخفوقة شبه صلبة على المائدة.

70. سلطة فواكه مع شراب تشاتشا

مكونات

شراب تشاتشا بالنعناع:

- 100 غرام من السكر
- 200 مل من الماء
- 200 مل برتقال (عصير)
- 3 نعناع
- 2 فصوص
- 6 ملاعق كبيرة chachacha شـنابس قصـب السـكر الأبيض

سلطة فواكه:

- 1 مانجو 650 غ
- 1 بابايا 450 جم
- 1 أناناس 1.5 كجم
- 4 حبات تامريلوس
- 3 حبات برتقال
- 250 جرام جيوش أرضية
- 125 جرام كشمش
- 1 باشن فروت
- 3 نعناع

تحضير

1. للشـراب ، اغلي السـكر مـع 200 مـل مـن المـاء
    وعصير البرتقـال وسـيقان النعنـاع بطريقـة شـراب
    مفتوحـة. نضـيف القرنفـل ونتركـه يـبرد. أضـف
    chachacha واتركها تبرد.

2. قم بإزالة قشر المانجو والبابايا والأنـاناس للسـلطة.
    قطـع لحم المـانجو مـن الحجـر. اقطـع البابايـا إلى
    نصفين وأزل البذور بملعقة. قطع الأناناس إلى أربـاع
    وإزالة الساق. قطّع الفاكهة إلى قطع صغيرة الحجم.
    نقطـع التـاميريلو على السـاق ، ونضـعها في المـاء
    المغلي لمدة دقيقة واحدة ، ثم تُروى وتُقشر. تقطـع
    الفاكهــة إلى شـرائح بسـمك 1/2 سـم. قم بإزالـة
    القشرة البيضاء للبرتقال من القشر وإزالة الشـرائح
    الموجـودة بين القشـرة الفاصـلة. اغسـلي الفراولـة
    وصــفيها وقطعيهـا إلى نصـفين أو أربـاع. اشـطف
    الكشمش وجففها. قم بتقطيـع فاكهـة العاطفـة إلى
    النصف.

3. أخرج النعناع والقرنفل من الشـراب. اخلطي الثمـار
    مع الشراب وانقعها لمـدة 10 دقـائق. قطـف أوراق
    النعناع ورشيها على سلطة الفاكهة.

158

71. سلطة فواكه مع صلصة ليكيور

مكونات

- 2 حبة موز
- 2 تفاح
- 2 ملعقة كبيرة ليمون (عصير)
- 125 غرام عنب
- 2 برتقالة
- 4 حبات مشمش
- 2 ملعقة كبيرة سكر

لتحضير صلصة المسكرات:

- 1 عبوة كريمة طازجة (150 جرام)
- 3 ملاعق كبيرة جراند مارنييه
- 30 غ من حبات البندق

تحضير

1. تُرفع القشرة عن الموز وتُقطّع إلى شرائح صغيرة. انزع القشر من التفاح والربع واللب ومقطع إلى قطع. رش كلا المكونين بعصير الليمون. اشطف العنب ، وجففه جيدًا ، وأزل السيقان ، واقطعه إلى نصفين ولب. انزع القشر ، انزع القشرة البيضاء وقطّع البرتقال إلى قطع. اشطف المشمش ، وقطّع إلى نصفين ، ولبّها ، وقطّعها إلى أسافين. تخلط المكونات مع السكر وتشكل في وعاء.
2. لتحضير صلصة المسكرات ، قلّبي الكريمة الطازجة مع غراند مارنييه ، قطّعي حبات البندق إلى شرائح صغيرة ، أضيفيها واسكبي الصلصة فوق قالب الفاكهة.

72. سلطة فواكه البحر المتوسط

مكونات

- 3 حبات رمان
- 3 حبات برتقال
- 3 جريب فروت (وردي)
- 4 حبات تين
- حب الهال
- 15 يومًا من السكر
- 1/4 لتر عصير فواكه مجمّع (يُضاف عصير البرتقال بخلاف ذلك)

تحضير

1. لسلطة فواكه البحر الأبيض المتوسط ، فيليه البرتقال والجريب فروت: قشر القشر ، بما في ذلك القشرة الداخلية البيضاء ، أثناء جمع العصير. ثم قم بفك شرائح الفاكهة من الغشاء الرقيق وجمع العصير.
2. انزع البذور من الرمان.
3. اغسل التين بعناية وقطّعه إلى شرائح.
4. نذوب السكر (بدون دهن) في قدر صغير ونحمر (كراميل).
5. يُسكب العصير المُجمع ويُتبل بالهيل ويُترك ليبرد.
6. أضيفي الثمار وحركي بعناية واتركي سلطة فواكه البحر الأبيض المتوسط منقوعة لمدة 3 ساعات على الأقل.

73. بسكويتات الوفل من الحنطة السوداء مع سلطة

فواكه

مكونات

- 80 جرام زبدة
- 75 جرام من عسل الأكاسيا
- 2 بيض
- 0.5 حبة فانيلا (لب منها)
- 90 جرام دقيق الحنطة السوداء
- 80 جرام دقيق قمح كامل
- 1 ملعقة صغيرة بيكنج بودر (تارتار)
- 150 مل من المياه المعدنية
- 100 جرام جبن خثارة
- 50 جرام زبادي (طبيعي)
- 1 ملعقة كبيرة شراب القيقب
- 1 تفاحة
- 1 كمثرى
- 250 جرام توت
- ليمون (عصير)
- 1 مسحوق زنجبيل

تحضير

1. أنواع الدقيق الكامل مذاق جيد بشكل خاص في الفطائر الطازجة. هم أيضا يحصلون على القليل من الدهون. باختصار: وجبة خفيفة صحية بين الوجبات.

2. اخلطي الزبدة مع العسل حتى تصبح كريمية. يُمزج البيض ولب الفانيليا. اخلطي كلا النوعين من الدقيق مع البيكنج بودر. اخلطي المزيج مع خليط البيض. أضف ما يكفي من المياه المعدنية لعمل عجينة لزجة. انقع العجينة لمدة 15 دقيقة على الأقل. إذا

164

لزم الأمر ، أضف المزيد من المياه المعدنية ثم اخبز الوافل من 2 إلى 3 ملاعق كبيرة حتى تتم معالجة العجين. قلب الجبن مـع اللبن الـرائب حـتى يصبح ناعمًا ومحلى بنصف شراب القيقب. اشطف التفاح والكمثرى والتوت. أرباع التفاح والكمثرى ، انزع القلب وقطّع إلى مكعبات. رشي المكعبات بقليل من عصير الليمون. اختر التوت واخلطه مع الفاكهة الأخرى. تبلي سـلطة الفاكهـة ببقيـة شـراب القيقب ومسحوق الزنجبيل. انشر القليـل من الجبن الـرائب بين قطعتين من الوافل "

3. إذا لم يكن لديك دقيق الحنطة السوداء في المنزل ، يمكنك استخدام دقيق القمح الكامل فقط.

74. موسلي مع سلطة فواكه غريبة

مكونات

* 1 أناناس
* 1/2 بطيخ Charentais
* 1 مانجو
* 1 كيوي
* 1 بابايا
* 8 حبات فراولة
* دقيق الشوفان الكامل
* رقائق القمح الكامل
* رقائق الذرة
* حبات البندق
* عين الجمل
* لبن
* زبادي
* طبقة الجبن

تحضير

1. قم بإزالة القشـر من الفاكهـة (حسـب الموسـم والمذاق) ، قم بإزالة الحجارة ونرد واخلطها. أحضر مكونات الموسلي إلى المائدة في أوعية خبز صغيرة حسب الرغبة وأحضرها مع منتجـات الألبـان وسـلطة الفاكهة. إذا أردت ، يمكنك تحلية كل شـيء بالعسـل أو السكر.
2. نصيحة: استخدمي الزبادي الطبيعي الدسم للحصول على نتيجة أفضل!

167

75. سلطة فواكه آسيوية مع زجاج نودلز

مكونات

- 1 برتقالة
- 1 كيس بازلاء
- 1 علبة نودلز زجاجية
- عسل
- أوراق النعناع
- 12 ليتشي
- 0.5 بيبيروني
- سكر

تحضير

1. طبق مكرونة رائع لكل مناسبة:
2. اخلطي نصف البيبروني المفروم والنـودلز الزجاجيـة المطبوخة في السكر. ضـعي شـرائح البرتقـال على الوجه وزينيه بورق النعناع.

76. سلطة فواكه حارة

مكونات

- 1/2 بطيخة (يفضل بدون بذور)
- حاسب شخصي 1. مانجو (ناعم)
- 250 جرام فراولة
- 150 جرام جبنة فيتا
- خل بلسمي (غامق ، حسب الرغبة)
- فلفل (مطحون طازجًا وملونًا حسب الرغبة

تحضير

1. للحصول على سلطة فواكه حارة ، قطـع كـل شـيء إلى قطع صغيرة وترتيبها على طبق كبير.

77. شمام مع الليتشي والأناناس

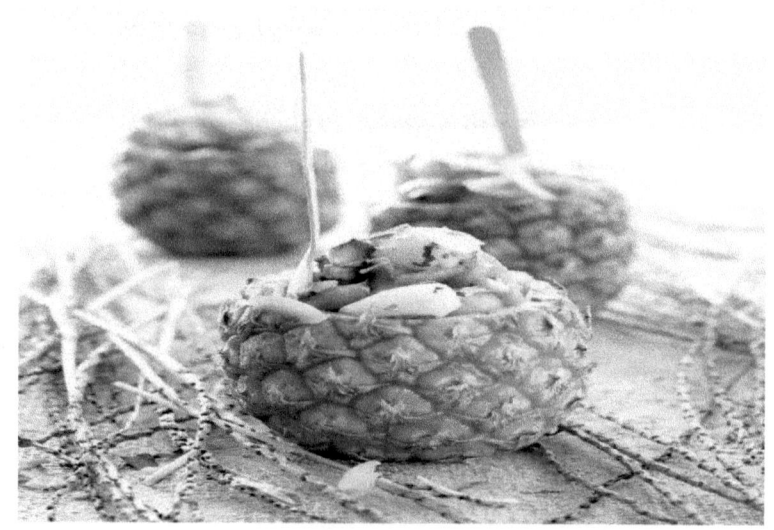

مكونات

- 1 حبة سكر بطيخ (كبير أو 1/2 بطيخ)
- 1 جرعة (جرعات) من الليتشي
- 400 غ من الأناناس (أو الفراولة الطازجة)
- 5 ملاعق كبيرة زنجبيل (معلب)
- بضع ملاعق كبيرة من فاكهة ليكيور

تحضير

1. بالنسبة للبطيخ مع الليتشي والأناناس ، اقطعي الثمرة وافرغها لملء سلطة الفاكهة الجاهزة في الأوعية.
2. قطعي لحم البطيخ إلى مكعبات ، وإذا لزم الأمر ، قطعي الفاكهة الأخرى إلى مكعبات. صب المسكرات على الفاكهة إذا أردت.
3. نقطع قطع الزنجبيل ناعماً ونخلط كل شيء. يبرد لعدة ساعات.
4. قبل التقديم ، تُسكب الفاكهة في نصف قشر البطيخ وتقدم البطيخ مع الليتشي والأناناس.

78. سلطة البيض والفواكه

مكونات

- 4 بيضات
- 300 غ من أسافين الكمثرى
- 400 غ من قطع التفاح
- 0.3 كجم من الزبادي
- شريحتان من خبز الدقيق الكامل (مكعبات صغيرة)
- 2 ملعقة كبيرة ليمون (عصير)
- 2 ملعقة كبيرة عسل

تحضير

1. اسلقي البيض من أجل سلطة البيض والفاكهة لمـدة 10 دقائق ، ثم اشطفها ، وقشرها.
2. افصـل بيـاض الـبيض وصـفار الـبيض. يقطـع بيـاض البيض ناعماً.
3. يُمزج صفار البيض مع اللبن لتحضير الصلصـة ويُتبـل بعصير الليمون. سخني العسل وصقلي مكعبات خـبز الحبوب الكاملة فيه.
4. رتب أسافين التفاح والكمثرى على الأطباق. نسـكب بياض البيض المفروم وصلصة الزبادي فوقـه ونـرش البيض وسلطة الفاكهة بمكعبات خبز الوجبة الكاملة.

79. سلطة الكمثرى والعنب

مكونات

- 2 كمثرى
- 15 يوم عنب أزرق (بدون بذور)
- 15 حبة عنب أبيض (صغير ، بدون بذور)
- 5 أيام من البندق

صلصة:

- 100 مل عصير عنب (أحمر)
- 1 ملعقة كبيرة عصير ليمون
- 3 ملاعق كبيرة عسل (أو سكر)
- 1 ملعقة كبيرة جرابا

تحضير

1. ضع البندق على ورقة خبز لسلطة الكمثرى والعنب تقريبًا. 120 درجة مئوية حتى تفوح رائحتها. افركي القشرة بمنشفة شاي ساخنة قدر الإمكان واقطع المكسرات.
2. اغسل العنب واقطفه من الكروم واقطعه إلى نصفين إذا لزم الأمر.
3. قشر الكمثرى وربعها ، انزع القلب وقطّع الثمرة إلى مكعبات. قم برش عصير الليمون على الفور لمنع القطع من التحول إلى اللون البني.
4. اخلطي عصير العنب مع العسل (السكر) والجرابا وتبليها حسب الرغبة.
5. اخلطي الفاكهة ورشيها بالعصير.
6. قدمي سلطة الكمثرى والعنب مع رش البندق المفروم.

80. سلطة فواكه مع كامباري

مكونات

- 2 جريب فروت (وردي)
- 3 حبات برتقال
- 1 كمثرى
- 1 تفاحة
- 3 كامباري
- كيس واحد من سكر الفانيليا

تحضير

1. لسلطة الفاكهة مع كامباري ، فيليه الجريب فروت و 2 برتقالة: قشر القشر ، بما في ذلك القشرة الداخلية البيضاء ، أثناء جمع العصير. ثم قم بفك شرائح الفاكهة من الغشاء الرقيق وجمع العصير.
2. اعصري باقي البرتقال.
3. قشر التفاح والكمثرى وربعهما ، انزع القلب وقطّع إلى قطع.
4. اخلطي عصير البرتقال والجريب فروت والكمباري وسكر الفانيليا حتى يذوب السكر.
5. اخلطي الفاكهة في وعاء واسكبي العصير عليها.
6. برد سلطة الفاكهة مع كامباري واتركها تنقع لمدة ساعة.

81. تتبيلة حلوة وحامضة

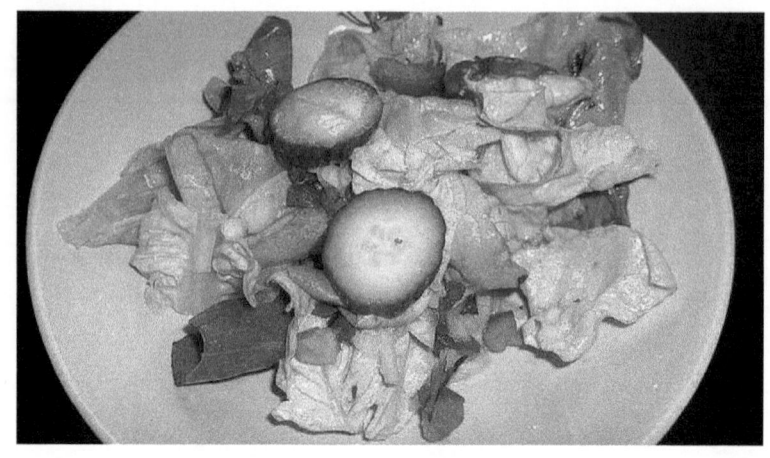

مكونات

- 2 بصل (وسط)
- 250 مل عصير أناناس
- 100 مل من الخل
- 3 شرطات من صلصة تاباسكو
- 3 ملاعق كبيرة سكر (بني)
- 3 ملاعق كبيرة مربى أناناس
- فلفل (مطحون طازجاً)

تحضير

1. قشر البصل من أجل التتبيلة الحلوة والحامضة واقطعها ناعما جدا.
2. نذوب السكر مع عصير الأناناس على نار متوسطة. بعد ذلك يضاف البصل ويسخن. أخيرًا ، أضيفي صلصة التاباسكو والفلفل والمربى والخل.
3. إذا لزم الأمر ، قم بتخفيف الصلصة الحلوة والحامضة برشة من الماء.

82. كريم شراب البيض

مكونات

* 2 صفار بيض
* 50 جرام سكر
* 20 جرام نشاء ذرة
* 100 مل حليب ((1))
* 150 مل حليب ((2))
* 1 حبة فانيليا
* 150 مل كريمة ثقيلة (كريمة مخفوقة قليلة الدسم)
* 100 مل بيض ليكيور

تحضير

1. لتحضـير كريمـة شـراب الـبيض ، اخلطي الـذرة والسـكر وصـفار الـبيض والحليب في وعـاء خـبز لتشكيل كريمة ناعمة.

2. في مقلاة ، اسحب الحليب وجراب الفانيليا المقطّع إلى شرائح طويلة مع البذور المكسوة واتركهـا تنقـع لمدة 10 دقائق. ثم قم بإزالة جراب الفانيليا.

3. يُغلى حليب الفانيليا مرة أخـرى ويُسـكب فـوق الثلج مع التحريك باستمرار. ضعي كـل شـيء مـرة أخـرى في المقلاة وسخنيها مع التحريك حتى تبـدأ الكريمـة في التماسـك. اسـكبي مصفاة في وعـاء مناسـب وضعي طبقة تغليف على الكريم حـتى لا يتشكل أي جلد عندما يبرد. اتركـه يبرد لمـدة 120 دقيقـة على الأقل.

4. قبـل التقـديم مباشـرة ، اخفقي الكريمـة المخفوقـة قليلة الدسم حتى تصبح متماسكة. يقلب الـبيض في الكريمـة ، ثم يقلب مـع الكريمـة المخفوقـة. املأ

183

كريمــة ليكيــور الــبيض في أطبــاق الحلــوى ورشــها
بمســحة من الكريمــة أو ربمــا الفاكهــة المســكرة
المبشورة كما يحلو لك.

83. بارفيه عنب ازرق مع برتقال وسلطة عنب

مكونات

ممتاز:

- 500 جرام من العنب الأزرق العطري
- 75 غرام من السكر حسب حلاوة العنب
- 100 مل عصير برتقال (معصور طازج)
- 100 غرام من السكر
- 4 صفار بيض
- 500 مل كريمة مخفوقة

سلطة فواكه:

- 200 غرام عنب
- 200 غرام عنب
- 2 برتقال شرائح
- 2 ملعقة كبيرة ليكيور برتقال
- 4 ملاعق كبيرة لوز (رقائق)

تحضير

1. ضعي العنب والسكر وعصير البرتقال في قدر للبارفيه. سخنيها مع التحريك حتى ينفجر العنب. اهرس العنب قدر الإمكان. انشر كل شيء من خلال غربال ، واجمع العصير واتركه يبرد.
2. اخفقي الصفار مع السكر و 50 مل من عصير العنب في حمام ماء ساخن حتى يصبح قوامها كثيفًا ودسمًا ، ثم اخفقيهما في ماء بارد. أضيفي ما تبقى من عصير العنب. اخفقي الكريمة المخفوقة حتى تتجمد مع التقليب. ضعي كل شيء في وعاء

بلاستيكي قابل للغلق واتركيها في الفريزر لمدة ليلة واحدة.

3. بالنسبة لسلطة الفاكهة ، اشطف العنب واقطعه إلى نصفين ولبه. بعد ذلك ، فيليه البرتقال ، وجمع العصير. نخلط العصير مع المسكرات البرتقالية ونقع أنصاف العنب وشرائح البرتقال لفترة وجيزة.

4. للتقديم ، ضعي كرات من بارفيه العنب على طبق ، وبجانبها القليل من سلطة العنب والبرتقال. نرش الخس برقائق اللوز المحمص.

84. جبن تيرين بالجوز

مكونات

- 100 غ جوز (مقطع)
- 200 جرام مسكربون
- 2 بيض
- 2 صفار بيض
- 30 مل كالفادوس
- 50 جرام جزر
- 2 كمثرى
- 20 غرام سكر
- 20 مل من الكرز

تحضير

1. اخلطي الجوز مع الماسكاربوني والبيض وصفار البيض وكالفادو وضعيه في طبق فرن. ثم نخبز في الفرن على حرارة 200 درجة مئوية لمدة نصف ساعة. لسلطة الفاكهة ، قشر وابشر الجزر والكمثرى. ثم تخلط مع السكر والكرز. أخيرًا ، قم بقطع ترين الجبن وإحضاره إلى المائدة مع السلطة.

85. وسيط سلطة

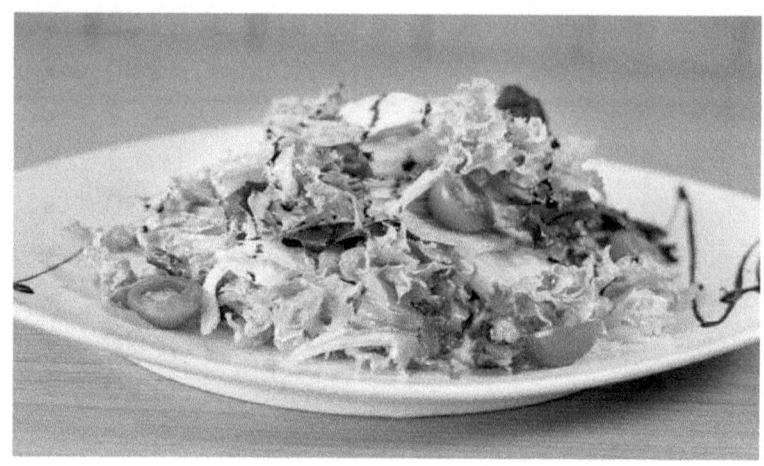

مكونات

- 2 ملعقة كبيرة عسل
- 8 نعناع (أوراق)
- 1/2 علبة صنوبر
- سكر ناعم
- 2 حبة ليمون (عصيرها)

تحضير

1. بالنسبة لسلطة المشملة ، قشـر ولب نبـات النبلاء ، مقطّعًا إلى قطع صـغيرة ويتبـل بقليـل من العسـل وعصير الليمون. اخلطي نصف حبات الصنوبر.

2. ثم ضع كـوب الحلـوى. نثر حبات الصـنوبر المتبقيـة على الوجـه ، ورشـها بالسـكر البـودرة وزيّن سـلطة المشملة بأوراق النعناع.

191

86. تتبيلة فرنسية

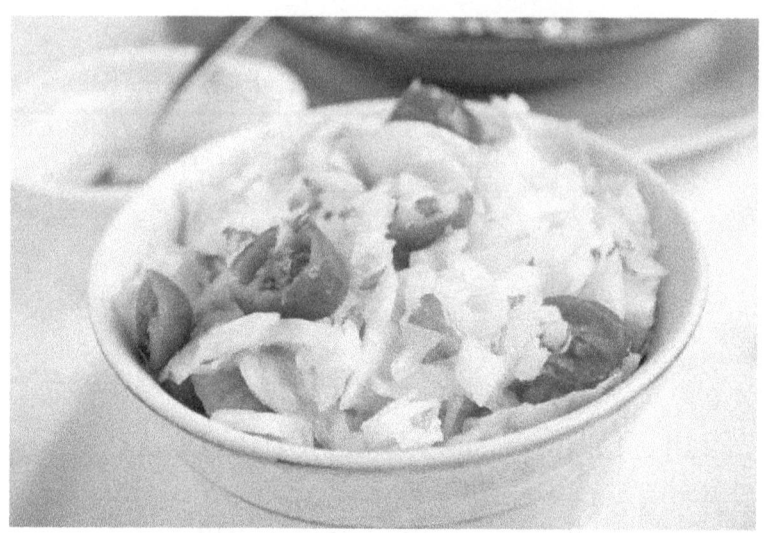

مكونات

- 0.5 حفنة من الكرز
- 0.5 حفنة من الطرخون
- 2 ورقة كاشفة (طازجة)
- 2 غصن من البقدونس
- 1 ملعقة صغيرة ملح
- 0.5 ملعقة صغيرة ملح كرفس
- 1 بيضة (مسلوقة)
- 4 ملاعق كبيرة زيت
- 1 ملعقة صغيرة خردل (ساخن)
- 6 ملاعق كبيرة خل
- قطعة واحدة ممتلئة من الكوارك
- 2 ملعقة كبيرة مايونيز
- 4 ملاعق كبيرة كريمة مخفوقة (طازجة)

تحضير

1. بعد التبريد ، اشطف الأعشاب وقشـرها جيـدًا وأزل السيقان. تُهرس الأوراق بـالملح وملح الكـرفس إلى هريس (أو تُهرس نصف ملعقـة صغيـرة من كـل من الشــيرفيل والطرخــون المجفـف) وقليـل من الكشـمش المجفف مع البقـدونس الطـازج والملح وقطرة واحدة من الماء وتترك لمدة ساعتين).

2. أخرج البيضة من القشرة وشكل الصفار في هـريس الأعشاب. أضف باقي المكونات. اخفقي كـل شـيء بالمضرب حتى يصبح ناعمًا ولكن ليس كريميًا. نقطع بياض البيض إلى قطع صغيرة ونقلب في النهاية.

3. يمكنك تقليب 1-2 ملاعق كبـيرة من الكاتشـب على الطريقة الأمريكية إذا أردت.
4. الصلصة مناسبة لسلطات اللحوم وسلطات السـجق والخضـروات البـاردة مثـل الطمـاطم والقرنبيـط والهليون وقلوب الخرشوف ولحم الخنزير المسـلوق والبيض المسلوق.
5. سلطة الكرفس ، مطبوخة ، لانجوسـتين ، أفوكـادو ، هندباء ، تتبيلة ، سلطة فواكه ، لحوم باردة ، لسان ، سجق

87. سلطة الرنجة بالفواكه

مكونات

- 8 قطع من فيليه الرنجة (مزدوج ، مخلل قليلًا)
- 2 برتقالي
- حاسب شخصي 1. مانجو (ناضج)
- للتتبيلة:
- حفنة من الشبت
- 1 برتقالة
- رشة سكر
- الفلفل
- ملح
- 2 ملعقة كبيرة كريمة مخفوقة
- 150 جرام قشدة طازجة
- 100 مل كريمة مخفوقة (مخفوقة حتى تيبس)

تحضير

1. تقطع شرائح سمك الرنجة إلى قطع بطول 2-3 سم.
2. قشر وربع حبتين برتقالة وقطعت إلى شرائح سميكة. قشر المانجو وقطعي لبها من الحجر.

اتـركي بعض الفاكهـة للـتزيين. تخلـط بـاقي قطع
الفاكهة مع قطع الرنجة.ـ

3. أولاً ، يقطف التتبيلـة من أعلام الشـبت ، وتسـتغرق
حوالي 2 ملعقـة كبـيرة للـتزيين. اعصـري البرتقـال.
اخلطي عصير البرتقـال مـع السـكر والفلفـل والملح
والفجـــل والقشـــدة الطازجـــة. اخلطي الكريمـــة
المخفوقة وقلبي الشبت أخيرًا.

4. اخلطي خليط الفاكهة والسمك مـع التتبيلـة واتركيهـا
تنقـع. زينـوا سـلطة الرنجـة ببقيـة الفاكهـة وأعلام
الشبت قبل التقديم.

88. آيس كريم مع صوص الفول وسلطة فواكه

مكونات

- 8 حفنات من بياض البيض (أو ثلج مجروش)
- معجون الفول (أحمر)
- 250 مل من شراب السكر
- 3 ملاعق كبيرة كرز أماريتو (للتزيين)
- لتحضير سلطة الفاكهة:
- الفاكهة (مثل الخوخ والفراولة حسب رغبتك)
- عصير ليمون
- سكر

تحضير

1. اخلطي معجـون الفـول مـع شـراب السـكر للآيس كريم مع صلصة الفول وسلطة الفاكهـة. أولاً ، صـب بعض الثلج الجليدي في كأس نبيـذ. بعد ذلك ، ضع ملعقة صغيرة من معجون الفول في الأعلى وملعقة كبـيرة من سـلطة الفاكهـة، يُـزين بـالكرز الأمـاريتو ويُقدم.

199

89. أرز الفراولة على سلطة فواكه

المكونات لحصتين

- 500 غرام فواكه طازجة (حسب الرغبة)
- 0.5 كوب كريمة مخفوقة
- 3 ملاعق من فراولة موفنبيك
- 5 قطرات من عصير الليمون

تحضير

1. اغسل الثمار وقشرها وقطّعها إلى مكعبات وضـعها على طبق ورشّ عليها عصير الليمون.
2. ضعي آيس كريم الفراولة على سلطة الفواكه.
3. يُزيّن بالكريمة المخفوقة وأكواز الآيس كريم.

201

90. سلطة فواكه مع الأفوكادو واللبن

مكونات

- 1 تفاحة
- 1 أفوكادو
- 1/2 مانجو
- 40 جرام فراولة
- 1/2 ليمون
- 1 ملعقة كبيرة عسل
- 125 جرام زبادي طبيعي
- 2-3 ملاعق كبيرة من شرائح اللوز

تحضير

1. أولاً ، بالنسبة لسلطة الفاكهة مع الأفوكادو واللبن ، اغسل التفاح وأزل القلب والنرد. بعد ذلك ، نواة الأفوكادو والمانجو وقطعيها إلى مكعبات. اغسلي الفراولة وقطعيها إلى نصفين. أخيرًا ، افتحي الليمون واستخلصي العصير من النصف.

2. اخلطي الزبادي الطبيعي والعسل جيدًا. تُسكب المكوّنات المقطّعة في وعاء أكبر وتُمزج في مزيج العسل واللبن. سلطة الفواكة مع الأفوكادو واللبن ونرش اللوز وتقدم.

203

91. سلطة فواكه بسيطة

مكونات

- 1/2 بابايا مفرومة
- 1/2 حبة شمام مفرومة
- 1 تفاحة كبيرة مفرومة
- 2 حبة موز
- 3 عصير برتقال

تحضير

1. اغسل جميع الفواكه جيدًا. إذا كنت في شـك ، اقـرأ مقالنا عن تطهير الفواكه والخضروات بشكل صحيح.
2. قم بإزالة قشر البابايا والبذور.
3. مقطعة إلى مربعات.
4. قم بإزالة القشر والبذور من البطيخ.
5. مقطعة إلى مربعات.
6. نقطع الموز إلى نصفين ثم نقطعه إلى مربعات.
7. يتم عصـر البرتقـال لاستخراج العصـير ، ثم يصفى لإزالة البذور ويوضع جانبًا.
8. قطع التفاح وإزالة القلب فقط. احتفظ بالوعاء.
9. اخلطي جميع الفواكه برفق ما عـدا المـوز في وعـاء كبير.
10. رشي المزيج بعصير البرتقال.
11. أخرجي الثلاجة لحوالي 30 دقيقة.
12. أضف الموز قبل التقديم مباشرة.

205

92. سلطة فواكه تقليدية

مكونات

- 2 علبة فراولة
- 1 بابايا مقطعة إلى شرائح بدون قشر أو بذور
- 5 شرائح برتقال
- 4 تفاح
- 1 أناناس
- 5 حبات موز مفرومة
- 3 علب حليب مكثف (قد يكون خالي من اللاكتوز)
- 3 كريمات (يمكن أن تكون خالية من اللاكتوز)

تحضير

1. اغسل الثمار جيداً.
2. قم بإزالة جميع القرون والبذور.
3. قطعي الأناناس إلى شرائح ثم قطعيها إلى مكعبات.
4. قطع التفاح إلى مربعات.
5. نقطع الموز إلى شرائح سميكة قليلاً ونتركه جانبًا.
6. نقطع البابايا المقشرة والبذور إلى شرائح.
7. ضعي كل الثمار في وعاء كبير.
8. يضاف الحليب المكثف والقشدة ويقلب برفق حتى لا تنكسر الثمرة.
9. برد لمدة 1 ساعة.
10. تقدم مبردة!

93. سلطة فواكه كريمية

مكونات

- 4 تفاح
- 4 كيوي
- 3 موزات فضية
- 1 بابايا كبيرة
- 1 علبة فراولة
- 1 علبة خوخ في شراب
- 1 علبة قشدة حامضة
- 1 علبة حليب مكثف

تحضير

1. اغسل كل الفواكه.
2. قم بإزالة النوى والحفر من التفاح والكيــوي والبابايــا وأوراق الفراولة.
3. تقطع كل الفاكهة إلى مربعات.
4. اخلطي الثمار برفق في وعاء.
5. اخفقي الكريمة والحليب المكثف بالخلاط الكهربـائي أو بمساعدة الفوه حتى تحصلي على عجينة كريمية.
6. أضيفي العجينة المخفوقــة إلى الفاكهــة وقلـبي أكـثر قليلاً.
7. يُضاف الخوخ إلى الشراب ويُفرم جيدًا أيضًا. استمتع ببعض الشراب لإضافة نكهة وترطيب السلطة.
8. اسكبي باقي الكريمة ومعجون الحليب المكثف على الخليط النهائي.
9. ضعه في مكان بارد واتركه يرتاح لمدة ساعة.
10. قدمها باردة!

94. سلطة فواكه مع حليب مكثف

مكونات

* 5 تفاح
* 5 موز
* 3 حبات برتقال
* 15 حبة عنب مقطعة أنصاف بدون بذور
* 1 بابايا
* 1/2 شمام
* 4 جوافة
* 4 كمثرى
* 6 حبات فراولة
* 1 علبة حليب مكثف

تحضير

1. اغسل الثمار جيداً.
2. التحفظات.
3. أزل البذور والقرون والسيقان والأوراق.
4. في وعاء ، اقطعي كل الثمار إلى مربعات.
5. قلب برفق حتى يختلط كل شيء بالتساوي.
6. يضاف الحليب المكثف ويوضع في الثلاجة لمدة ساعة.
7. قدميها مبردة أو في درجة حرارة الغرفة.

211

95. سلطة فواكه مع كريمة حامضة

مكونات

- 3 موزات
- 4 تفاح
- 1 حبة بابايا صغيرة
- 2 برتقالة
- 10 حبات فراولة
- 15 حبة عنب من اختيارك
- 1 علبة كريمة ثقيلة (يمكن أن تكون خالية من اللاكتوز)
- 1/2 كوب سكر (اختياري)
- نصيحة إضافية: يمكنك تحليتها بقليل من العسل إذا أردت.

تحضير

1. اغسل الثمار جيداً.
2. قم بإزالة القرون والبذور.
3. نقطعها إلى قطع صغيرة ويفضل أن تكون مربعات.
4. ضعي الثمار في وعاء.
5. تقطع كل الفاكهة إلى قطع صغيرة وتوضع جانباً في وعاء.
6. اخفقي الكريمة الثقيلة (مع السكر حسب الرغبة) في الخلاط لمدة دقيقة واحدة.
7. تُسكب الكريما المخفوقة في وعاء الفواكه ويُحرّك بلطف حتى يمتزج كل شيء جيدًا.
8. توضع في مكان بارد وتقدم مبردة.

96. سلطة فواكه مطابقة

مكونات

- 1 كوب من التوت الأسود
- 4 حبات برتقال صغيرة
- 1 كوب شاي فراولة
- 1/2 كوب شاي عنب من اختيارك
- 1 ملعقة صغيرة عسل
- 2 ملاعق كبيرة من عصير البرتقال الطبيعي.
- 1/4 وعاء من اللبن الزبادي اليوناني

تحضير

1. تطهير جميع الفواكه.
2. أزل القشر والبذور (باستثناء العنب).
3. ضعي جميع الفواكه والزبادي اليوناني في وعاء.
4. يقلب برفق حتى يختلط كل شيء.
5. يُسكب العسل على سلطة الفاكهة ويُبرد.
6. خذها وخدمها!

97. سلطة فواكه الذواقة

مكونات

* 1/2 بابايا
* 1/2 كوب شاي فراولة
* 1 برتقالة
* 1 تفاحة
* العسل، حسب الذوق

لتحضير الصلصة:

* 2 ملاعق كبيرة من عصير البرتقال
* 1/2 وعاء زبادي كامل الدسم (يمكن أن يكون خاليًا من اللاكتوز)
* 4 أوراق نعناع مفرومة

تحضير

1. بعد تعقيم جميع الثمار ، قم بإزالة القشر والبذور والأوراق.
2. قطعيها إلى مربعات صغيرة وضعيها في وعاء كبير.
3. في وعاء آخر ، يُمزج الزبادي وعصير البرتقال وأوراق النعناع.
4. تُسكب الصلصة في وعاء الفاكهة وتُحرّك برفق.
5. قسمي سلطة الفاكهة إلى أوعية صغيرة وضعيها في الثلاجة.
6. تقدم مع أوراق النعناع والعسل للتزيين.

98. سلطة فواكه مع صلصة الزبادي

مكونات

- 500 جرام فراولة
- 2 ملعقة كبيرة سكر
- 0.5 شمام أو شمام
- 200 غ من البرقوق مثل الأزرق والأصفر
- 4 ملاعق كبيرة عصير ليمون (أو عصير ليمون)
- 1 كوب (236 مل) أناناس شرائح
- 150 جرام زبادي كريمي
- كيس واحد من سكر الفانيليا
- ربما قليلا من النعناع الطازج

تحضير

1. اشطف ونظف الفراولة وقطرها إلى النصف أو الربع حسب الحجم. يرش السكر في وعاء الخبز. غطيه وارسمي لمدة 15 دقيقة.
2. قلب البطيخ وقطعه إلى أسافين. نقطع اللحم عن الجلد. اشطف البرقوق واقطعه إلى أسافين من الحجر. رشي عليها عصير الليمون أو الليمون. اخلطي المكونات المحضرة.
3. لصلصة الأناناس ، قطّعيها إلى مكعبات باستثناء شريحة واحدة وطحنوها مع العصير. أضيفي الزبادي وسكر الفانيليا. على شكل سلطة فواكه.
4. قطّع باقي الأناناس إلى مكعبات. يقطع النعناع إذا أردت. يرش كلاهما فوق الخس.

99. سلطة فواكه مع صلصة الزبادي بالفانيليا

مكونات

فاكهة:

- 2 تفاح
- 1 موزة
- عصير نصف ليمونة
- 2 برتقالة

صلصة:

- 1 بياض بيضة
- 2 ملعقة كبيرة سكر
- 1 حبة فانيليا
- 75 جرام زبادي
- 1 صفار بيضة
- 100 جرام كريمة مخفوقة

تحضير

1. قطع التفـاح إلى شـرائح وقطـع المـوز ورش عصـير الليمـون. نقطـع البرتقـال إلى قطـع. وزعي الفاكهـة بالتساوي على أربعة أطباق.
2. يُخفق بياض البيض حتى يتجمد ، ويُرش بالسـكر من أجـل الصلصـة. بـذور الفـانيلا. تُكشـط وتُحـرك مـع الزبادي وصفار البيض. تُخفق الكريما المخفوقة حتى تتجمـد ، ويُضـاف إليهـا بيـاض الـبيض. إلى شـكل الفاكهة.

100. سلطة فواكه سريعة

مكونات

- 1 تفاحة (متوسطة)
- 1 موزة
- حفنة من العنب
- بعض الفراولة
- بعض الكرز (حرض)
- 1 علبة (علب) كوكتيل فواكه
- ليمون
- قصب السكر (إذا لزم الأمر)

تحضير

1. للحصول على سلطة فواكه سريعة ، اغسل الفاكهــة وقطعها ولبها إذا لزم الأمر. قم بــرش المــوز بعصــير الليمون لمنعه من التحول للون البني.

2. ضعي كل شيء في وعاء مع كوكتيل الفاكهــة وتبليــه بقصب السكر وسكر الفانيليا.

223

خاتمة

كمـا نختتم "انـدماج الفاكهـة: كتـاب طبخ لسلطة الفاكهة النابضة بالحياة" ، نأمل أن تكون قد استمتعت بهذه الرحلـة إلى عــالم ســـلطات الفواكـه الطازجــة والممتعـة. من التركيبات البسيطة التـي تسـمح للفاكهـة بالتـألق من تلقاء نفسها إلى الخلطات الأكثر تعقيدًا التي تثير براعم التـذوق ، تعلمت كيفية إعداد أطباق صحية ومذهلة بصريًا.

تقدم سلطات الفاكهة طريقة رائعة للارتقاء بتجربة تناول الفاكهة ، مما يجعلها أكثر متعة وإثارة. مع وجود مجموعة كبيرة من الفواكه المتاحة ، فإن إمكانيات صنع سلطات فواكه لذيذة وفريدة من نوعها لا حصر لها حقًا.

نحن نشجعك على مواصلة استكشاف فواكه جديدة ، وتجربة النكهات ، وتجربة أنواع مختلفة من الضمادات والإضافات لصنع سلطات الفاكهة المميزة الخاصة بك. يكمن جمال كتاب الطبخ هذا في المرونة التي يوفرها ، مما يسمح لك بتكييف وتخصيص كل وصفة وفقًا لتفضيلاتك.

تذكر أن سلطات الفاكهة لا تتعلق فقط بالذوق ؛ إنها احتفال بخير الطبيعة وطريقة مبهجة لدمج المزيد من الفيتامينات ومضادات الأكسدة والألياف في نظامك الغذائي.

نأمل أن يكون " Fruit Fusion: A Vibrant Fruit Salad Cookbook" قد ألهمك لتبني فضل الفواكه الطازجة

وجعلها جزءًا منتظمًا من مغامراتك في الطهي. لذا ، سواء كنت تتذوق سلطة فواكه في يوم مشمس أو تشاركها مع أحبائك في تجمع خاص ، فربما تقربك كل قضمة من الطبيعة ونمط حياة أكثر سعادة وصحة.

إليك المزيد من إبداعات سلطة الفواكه الملونة والمنعشة واللذيذة في مستقبلك. صنع سلطة فواكه سعيدة!

تجديد الاستجابة